LIÇÕES DE LIDERANÇA DE JESUS

LIÇÕES DE LIDERANÇA DE JESUS

UM MODELO ETERNO PARA OS LÍDERES DE HOJE

BOB BRINER • RAY PRITCHARD

SEGUNDA EDIÇÃO REVISTA E ATUALIZADA

Copyright © 1997, 1998 por Bob Briner.
Todos os direitos reservados.

Direitos internacionais registrados.
Publicado por B&H Publishing Group
Nashville, TN 37234

2ª edição: abril de 2021

1ª reimpressão: junho de 2024

TRADUÇÃO
José Fernando Cristófalo

REVISÃO
Carlos Augusto Pires Dias (copidesque)
Francine Torres (provas)

DIAGRAMAÇÃO
Sonia Peticov

CAPA
Rafael Brum

EDITOR
Aldo Menezes

COORDENADOR DE PRODUÇÃO
Mauro Terrengui

IMPRESSÃO E ACABAMENTO
Imprensa da Fé

As opiniões, as interpretações e os conceitos emitidos nesta obra são de responsabilidade do autor e não refletem necessariamente o ponto de vista da Hagnos.

Todos os direitos desta edição reservados à
EDITORA HAGNOS LTDA.
Rua Geraldo Flausino Gomes, 42, conj. 41
CEP 04575-060 — São Paulo, SP
Tel.: (11) 5990-3308

E-mail: hagnos@hagnos.com.br
Home page: www.hagnos.com.br

Editora associada à:

Dados Internacionais de Catalogação na Publicação (CIP)
Angélica Ilacqua CRB-8/7057

Briner, Bob

Lições de liderança de Jesus: um modelo eterno para os líderes de hoje / Bob Briner, Ray Pritchard; 2. ed. [tradução José Fernando Cristófalo]. — Ed. rev. e ampl. — São Paulo: Hagnos, 2021.

ISBN 978-85-243-0393-7
Título original: The Leadership Lessons of Jesus a Timeless Model for Today's Leaders.

1. Bíblia. N.T. Evangelhos – Literatura devocional 2. Jesus Cristo – Liderança 3. Liderança – Aspectos religiosos – Cristianismo I. Pritchard, Ray, 1952-. II. Título.

09-01605   CDD 253

Índices para catálogo sistemático:
1. Liderança cristã: Teologia pastoral: Cristianismo 253

SUMÁRIO

Introdução 9

1. Um chamado à liderança 13
2. Líderes chamam seguidores 17
3. Líderes ensinam com autoridade 23
4. O líder cuida dos seus liderados 26
5. Liderança requer disciplina 29
6. Espere o inesperado 33
7. Escolhendo a equipe 37
8. À mesa com a tropa 41
9. Tradições 44
10. O núcleo 48
11. Os líderes planejam 51
12. Retirada estratégica 54
13. O lugar 58
14. A matéria-prima da liderança 62
15. Ataques dolorosos 65
16. Líderes contam histórias 69
17. Unidade imprescindível 72
18. Líderes nem sempre são apreciados 75

19. Não se pode ganhar todas 77
20. A verdade e o momento certo 80
21. Relações públicas adequadas 83
22. Avalie 86
23. Um líder é fiel 89
24. Pequenas coisas, porém importantes 92
25. A liderança acalma a tormenta 96
26. Publicidade 101
27. Ação decisiva 104
28. Visão prática 107
29. O melhor e o pior 111
30. Equipes de liderança 115
31. Enfrentando a perda 118
32. Desafie o tempo 121
33. O descanso do líder 124
34. Momentos não planejados 127
35. A ousadia edifica a liderança 130
36. Estabelecendo a ordem 134
37. Líderes oram em gratidão 137
38. Definindo sua declaração de missão 141
39. O poder da repreensão 144
40. A estratégia dos segredos 148
41. Estilo, essência e empatia 151
42. Um padrão de excelência 155
43. Conheça seus recursos 158

44. Comece com gratidão 162
45. Um seminário flutuante 165
46. Conhecendo o que é inegociável 168
47. Mantendo o foco 171
48. Ações calculadas 175
49. De novo na estrada 178
50. A prova final dos discípulos 181
51. Preparando-se para tempos difíceis 185
52. Amor contundente 190
53. Inspirando com palavras 196
54. Cultivando a lealdade 200
55. Por que a intimidade é importante? 204
56. Permanecendo no topo 208
57. O poder das afirmações externas 212
58. Controle o fluxo de informações 216
59. Liberdade para falhar 219
60. Inspire a fé 222
61. Somente pela oração 226
62. O Líder-servo 230
63. Crianças são bem-vindas aqui 234
64. A síndrome do "não foi inventado aqui" 238
65. Como conceder recompensas 242
66. A advertência da pedra de moinho 248
67. Levante o seu machado 251
68. Valorize o seu sal 255

69. Casamento e Liderança 260
70. Proteção excessiva ao líder.................................... 265
71. A verdade sobre a bajulação................................. 268
72. Liderança *versus* administração.............................. 271
73. Comprometimento total 275
74. A ordem real dos servos.. 279
75. Invista tempo com as pessoas 282

INTRODUÇÃO

Quem terá sido o maior líder de todos os tempos? Dentre todos os nomes que podem ser dados como resposta a essa pergunta, apenas um se destaca sobre todos os demais: Jesus Cristo.

Desde o seu nascimento, em uma estrebaria de Belém, até sua morte na cruz, Ele viveu neste mundo durante menos de quarenta anos, deixando atrás de si apenas algumas centenas de seguidores, quando retornou aos céus. Jamais escreveu um livro, nunca ministrou aulas em seminários, nem mesmo deixou instruções detalhadas para seus discípulos. Após sua partida, Jesus enviou o Espírito Santo para auxiliá-los a retransmitir o que Ele havia feito e ensinado.

Apenas alguns anos mais tarde, o movimento que iniciara já incluía milhares de novos adeptos. Em pouco tempo, seus seguidores se espalharam por todo o Império Romano, transmitindo as boas novas de Jesus. Após cinco gerações, o número de cristãos havia atingido a marca de milhões.

Dois mil anos se passaram. Hoje, o número atual de seus seguidores já soma mais de um bilhão de pessoas, e a cada novo ano juntam-se a essa cifra milhões de novos cristãos. A organização fundada por ele — a igreja — possui ramificações em todos os países do globo.

Ironicamente, no entanto, seu ministério público durou menos de quatro anos. Sem qualquer treinamento formal e enfrentando perigosos e poderosos opositores, que visavam matá-lo, Ele inspirou tamanha lealdade em seus seguidores, que estes se mostraram dispostos a dar suas vidas por Ele.

Como Jesus conseguiu tudo isso? Que princípios ele seguiu? Será que esses mesmos princípios ainda funcionam em nossos dias?

Acreditamos que a Bíblia tem a resposta para tais perguntas. Escolhemos para nosso estudo o evangelho de Marcos, por duas razões: é o mais curto dos quatro evangelhos e é um evangelho de *ação*. Ao ler os capítulos que o compõem, você estará acompanhando a vida terrena de Jesus Cristo através dos olhos de dois tipos de testemunhas, amigos e adversários.

Se você considera que a vida de Jesus é irrelevante para o mundo tecnológico de hoje, prepare-se. A maioria de nós sabe que Jesus foi um grande mestre e o redentor da raça humana, porém muitos nunca pensaram em Jesus como o maior líder que este mundo já recebeu. Quem mais causou tão grande impacto nesta terra? Como a névoa, líderes humanos surgem e desaparecem, mas o legado de Jesus se afigura cada vez maior e mais abrangente a cada novo século.

Na realidade, nosso objetivo ao escrever este livro pode ser desdobrado em três. Em primeiro lugar, desejamos expor os princípios de liderança que tornaram Jesus tão eficaz. Segundo, esperamos que você passe a enxergar Jesus de uma forma totalmente nova e mais pessoal. Terceiro, queremos que você perceba quão relevante e suficiente é a Bíblia para ajudá-lo a enfrentar os desafios do dia a dia.

O Jesus que você irá encontrar nas páginas seguintes não é um ícone obscuro e distante. Ele é o Filho de Deus e o maior líder que este mundo conheceu. Após vinte séculos, sua mensagem ainda é eloquente. Nós cremos que os princípios incorporados por Jesus em seu ministério são aplicáveis em toda e qualquer área, seja no escritório, na escola, em um pequeno negócio, em uma corporação multinacional ou, ainda, em uma organização não governamental.

Preferimos estruturar este livro em capítulos curtos, por saber que o leitor de hoje tem um cotidiano bastante atarefado. Porém, se você dispuser de uma Bíblia, leia as passagens do evangelho de Marcos correspondentes a cada capítulo. Ao fazer isso, você lucrará muito mais com nossos comentários e nossa aplicação. (Muito embora o livro tenha sido escrito a partir da perspectiva de Bob, visando tornar a leitura mais fácil e agradável, nós dois contribuímos para o projeto).

Aplique nossas palavras a cada situação particular sua. Você pode sublinhar as frases que achar mais importantes ou fazer anotações na margem. Registre quaisquer perguntas ou dúvidas que lhe venham à mente e acrescente os seus próprios comentários. Que este livro lhe sirva de inspiração para que você se torne um líder como Jesus.

• 1 •

Um CHAMADO à LIDERANÇA

> "Então veio dos céus uma voz: 'Tu és o meu Filho amado; em ti me agrado'."
>
> — Marcos 1.11

A ideia de um "chamado", em particular para aqueles que não estão envolvidos com algum tipo de ministério profissional, costuma ser vista como algo arcaico, pouco prático ou bizarro, mesmo por parte de alguns cristãos.

No entanto, tal visão é nociva, tanto para o reino de Deus quanto para as vidas e carreiras individuais. Como cristãos, precisamos compreender que o chamado de Deus abrange todas as áreas de nossas vidas, incluindo nossas carreiras. Qualquer visão ou conceito divergente dessa verdade nega a fidelidade a Deus como nosso Criador, revelando uma falta de compreensão a respeito do inacreditável preço que Jesus pagou por nós com sua morte na cruz. Tal premissa nos impede de viver vidas plenamente integradas com Deus, nas quais todas as coisas contribuem para o nosso bem e para o avanço do reino. Para ler mais sobre esse tema, veja o livro escrito por Ray Pritchard, *The Road Best Traveled: Knowing God's Will for Life* [O melhor caminho: conhecer a vontade de Deus para a sua vida].

É claro que a condição de Jesus como líder precisou ser reafirmada por Deus, o Pai, quando Ele iniciou seu ministério terreno. A voz vinda dos céus dizendo "Tu és o meu Filho amado; em ti me agrado" (Marcos 1.11) foi essa confirmação.

Deus tem planos específicos para cada um de nós. Precisamos fazer tudo o que estiver ao nosso alcance para conhecer esses planos e nos submeter a eles. Ao falharmos em observar isso, obtemos bem menos do que Deus tem planejado para nós. Por exemplo, em uma faculdade cristã, uma professora realmente capaz — alguém com um *chamado* para o ensino — tornou-se, sob muita pressão por parte dos colegas bem intencionados, diretora da faculdade o que resultou em traumas, sentimentos amargos e desapontamento, tanto para a professora como para seus colegas. Dons em certa área, tal como a capacidade de liderança, não são necessariamente transferíveis.

Muito embora buscar conselhos e ouvir outras pessoas seja de grande valia e utilidade, em última análise um chamado é algo entre você e Deus. Durante um famoso incidente ocorrido em nosso círculo de amizades, um amigo contou ao outro: "Eu coloquei uma porção de lã por você" — uma clara referência ao conhecido episódio ocorrido com Gideão, que pediu a Deus que lhe desse um sinal por meio de uma porção de lã, conforme registrado no livro de Juízes 6.36-38. Esse amigo concluía: "Aqui está o que você deve fazer". Com grande sabedoria, o outro respondeu: "Sou grato por sua iniciativa, porém deixe que eu mesmo colocarei a minha porção de lã, para saber a vontade de Deus para mim".

Jamais permita que outros determinem a vontade de Deus para a sua vida. Ninguém é capaz de compreender o chamado singular de Deus para sua vida tão claramente quanto você.

> **Jamais** permita que outros determinem a **vontade de Deus** para a sua vida. Ninguém é capaz de compreender o **chamado singular** de Deus para sua vida tão **claramente** quanto você.

Muitos têm desperdiçado anos, tentando em vão agradar aos outros, quando bastava buscar viver de modo produtivo, conforme os desígnios divinos. Isso não significa evitar procurar aconselhamento ou orientação, porém, no final, como está escrito em Romanos 14, cada um de nós, individualmente, prestará contas do que tiver feito em vida.

Quando consideramos assumir posições de liderança, necessitamos colocar nosso punhado de lá e buscar a orientação de Deus. É pouco provável que ouviremos uma voz audível, vinda dos céus, mas podemos ter a certeza de estarmos agindo de acordo com a vontade de Deus para nossas vidas.

• 2 •

LÍDERES
chamam
SEGUIDORES

> "E disse Jesus:
> 'Sigam-me, e eu os farei
> pescadores de homens."
>
> MARCOS 1.17

A principal diferença entre administração e liderança encontra-se na motivação.

A maioria dos relacionamentos envolve tanto elementos de administração quanto de liderança. Entretanto, aqueles na primeira situação costumam receber algum tipo de pagamento ou compensação por seus serviços, e nisso os sistemas e as técnicas desempenham um papel fundamental. Por outro lado, uma liderança pura é caracterizada principalmente pela maneira como os liderados são motivados a agradar seus líderes de forma voluntária; e o líder apresenta um estilo pessoal mais espontâneo.

Jesus foi o maior administrador e líder de todos os tempos e tanto suas habilidades de administração como sua capacidade de liderança devem ser enaltecidas e imitadas.

Poderíamos afirmar que a liderança terrena de Jesus começou quando Ele chamou seus primeiros seguidores — Pedro (Simão), André, Tiago e João. Nesse fato há a mais importante lição a ser aprendida: Ele *chamou*, ou seja, convidou seus liderados. Não se limitou apenas a andar, esperando que alguma espécie de atração sobrenatural fizesse sua parte. Jesus convidou aqueles quatro homens, que acabaram se tornando seus mais dedicados e produtivos discípulos. Portanto, "sigam-me" é uma lição obrigatória para todos os líderes de hoje.

Ao sentir um chamado à liderança e descobrir alguém que você realmente deseja e necessita que esteja envolvido em sua tarefa ou trabalho, não hesite. Siga o exemplo de Jesus e convide-o a unir-se a você. As pessoas apreciam ser convidadas e sentir que são necessárias. Mesmo quando recusarem o seu convite — e algumas o farão — elas se sentirão bem com relação a você e consigo mesmas, simplesmente por você tê-las convidado.

Certamente haverá momentos em que pessoas tomarão a iniciativa de pedir para participar de suas empreitadas. Isso é muito positivo, mas não espere que aconteça de forma natural, sobretudo se pessoas-chave estiverem envolvidas. Se você sentir o chamado à liderança — para atuar em um ministério dentro de sua igreja, em uma ação de alcance social e comunitário ou em um projeto empresarial —, ao vislumbrar seus próprios Pedro, André, Tiago e João, não titubeie em convidá-los a se juntarem a você, a "segui-lo".

Jesus chamou seus discípulos de forma pessoal. Assim, ao convidar alguém que você considera muito importante, resista à forte tentação de fazer este convite por intermédio de uma terceira pessoa ou utilizando meios de comunicação impessoais, como carta, fax, e-mail ou mesmo um telefonema. Talvez com receio de que seus convites sejam rejeitados ou eles próprios sintam-se embaraçados, alguns líderes relutam em estabelecer um contato pessoal com seguidores potenciais, o que é um grande erro na área de liderança. Os verdadeiros líderes não se furtam ao desafio de, pessoalmente, convidar a integrar suas equipes aquelas pessoas que julgam essenciais. Nenhum outro tipo de convite possui o poder e o apelo que o método direto proporciona. Jesus Cristo convidou pessoas a acompanhá-lo; portanto, faça o mesmo.

Observe que Jesus convidou seus discípulos a segui-lo, antes de convidá-los ao empreendimento. Certa ocasião, fui alvo de uma convocação pessoal que jamais esquecerei. Quando a Liga

Nacional de Futebol Americano estava apenas engatinhando, e nem em sonhos imaginava-se que se transformaria na maior atração do esporte profissional, gerando lucros incríveis e recebendo, anualmente, a adesão de novas empresas e franquias, eu recebi o meu chamado. Dave Dixon, um dos maiores e mais inovadores empresários no mundo do marketing esportivo norte-americano, me chamou quando eu integrava a administração esportiva de uma pequena faculdade.

> Os verdadeiros líderes **não se furtam** ao **desafio** de, pessoalmente, **convidar** a integrar suas equipes aquelas pessoas que julgam **essenciais**. [...] Jesus Cristo convidou pessoas a **acompanhá-lo**; portanto, **faça o mesmo**.

Passados quase trinta anos, eu ainda me lembro claramente daquele importante chamado, palavra por palavra. Dave anunciou: "Bob, estou pensando em obter uma franquia na área de futebol americano. Quando esse negócio for concretizado, eu quero você na equipe". Puxa! *Isso* é que é um chamado de liderança. Foi o que aconteceu em poucos anos. Depois, associei-me a ele em mais dois outros empreendimentos esportivos ousados e inovadores. Seu chamado pessoal foi realmente muito forte. Embora esteja aposentado, portanto afastado dos esportes profissionais, tenho minhas dúvidas se conseguiria resistir a uma nova convocação de Dave Dixon: "Bob, quero você na equipe". Há um incrível poder no chamado pessoal.

Hoje, o método de recrutamento para o mundo dos negócios consiste em buscar formandos das universidades de maior prestígio do país. Um certificado de MBA de Harvard é considerado a mais alta credencial de acesso a uma rápida e bem-sucedida carreira. A mesma forma de pensar domina a igreja. Dependendo da denominação religiosa, somente aqueles oriundos de um pequeno e seleto grupo de seminários são candidatos sérios às melhores oportunidades de ministério.

Com certeza essa não seria a atitude de Jesus, muito embora ele pudesse até respeitar o MBA de Harvard ou o diploma dos melhores seminários. Afinal, isso é o que nos mostra a escolha de Paulo, um dos mais ilustres, cultos e bem preparados homens de sua época, e Mateus, um coletor de impostos muito hábil nos negócios de seu tempo. O exemplo de Jesus ao recrutar seguidores eficazes, sugere que lancemos a rede do modo mais abrangente possível. Considere o mérito de cada um. Seja receptivo a talento, caráter e comprometimento, onde quer que estejam essas qualidades. Faça todo o possível para enxergar abaixo da superfície do histórico familiar, da posição social, das notas escolares e da aparência pessoal. Os verdadeiros líderes buscam com denodo por pessoas reais com virtudes reais. Jesus mostrou como um líder pode ser incrivelmente bem-sucedido ao escolher com cuidado seguidores de todas as áreas da vida.

Ao liderar e chamar seguidores, não caia na fácil armadilha de adotar a visão convencional vigente. Não deixe escapar aqueles que você considera potencialmente capazes de servir ao seu empreendimento por puro receio de contrariar o estreito conceito do mundo. Até mesmo quem não enxerga um palmo adiante do nariz é capaz de contratar os candidatos mais bem trajados, que apresentem o melhor currículo e venham da mais prestigiosa e importante faculdade.

Ao liderar sua família, desenvolver um novo produto, conduzir uma classe de escola dominical, revitalizar um ministério opaco e sem vida ou começar um novo negócio, demonstre fervor, sinceridade e, sobretudo, fé, ao expressar-se sobre sua visão de liderança. Os que você pessoalmente convidou para acompanhá-lo necessitam ser contagiados com seu entusiasmo por essa visão.

Retorne aos evangelhos. Você verá que Jesus estabeleceu o alicerce de sua visão quando prometeu: "Eu os farei pescadores de homens". Porém, isso foi apenas o começo. Jesus transmitiu sua visão através de sua morte e ressurreição. Lembre que a última discussão de Jesus com seus discípulos aconteceu durante uma *pescaria* no mar da Galileia, conforme registrado em João 21. Jesus jamais se desviou de sua visão inicial, utilizando a mesma figura que empregou, quando inicialmente convidou seus discípulos, para desafiá-los, pela derradeira vez.

· 3 ·

LÍDERES
ensinam com
AUTORIDADE

―――――――――――

> "Todos ficavam maravilhados com o seu ensino, porque lhes ensinava como alguém que tem autoridade e não como os mestres da lei."
>
> MARCOS 1.22

Jesus Cristo ensinou com autoridade. Em sua presença o maligno foi repelido. Em um sentido terreno, Jesus poderia ensinar com autoridade porque conhecia as Escrituras em profundidade. No entanto, não foi apenas o seu conhecimento do Antigo Testamento que o tornou um líder destacado, o maior de todos. Os fariseus, seus contemporâneos, também conheciam cada detalhe da Lei de Deus; mas, devido ao fato de ele mesmo ser o Filho de Deus, cada palavra sua era expressa com absoluta autoridade.

Os espíritos malignos sentiam-se desconfortáveis em sua presença, não somente porque Ele ensinava com autoridade, mas também porque Jesus era a personificação de sua própria mensagem. Ele era a antítese do mal e, portanto, os espíritos malignos não podiam permanecer onde Ele estava.

Os líderes *sempre* são professores. Para ser um líder eficaz e de grande alcance, você deve ensinar com autoridade e estar sempre *preparado*, ou seja, deve ser profundo conhecedor da matéria sobre a qual está ensinando. Lembre-se: a preparação de Jesus durou mais de trinta anos.

Esteja preparado.

Contudo, tão importante quanto conhecer intimamente o conteúdo do que pretende ensinar, ou talvez ainda mais importante, é *ser* o que você está apregoando. Jesus podia libertar pessoas tomadas por espíritos malignos não somente por seu conhecimento das Escrituras, mas, sobretudo, por ser quem Ele era. As palavras de um líder, por mais vitais e essenciais que sejam, somente permanecerão e terão impacto sobre muitos se, verdadeiramente, representarem a realidade da vida desse líder. O chamado de um líder ao compromisso, à integridade, à dedicação e ao sacrifício somente será honrado se tal líder for alguém comprometido, íntegro, dedicado e pronto a sacrificar-se. A liderança eficaz e duradoura implica tanto preceitos como exemplo.

Um líder que não apenas fala sobre o que conhece, mas também vive o que diz, atrairá seguidores dispostos; quanto aos relutantes a serem liderados, eles se sentirão tão desconfortáveis que procurarão, de bom grado, deixar o caminho livre.

> Os líderes **sempre** são professores. Para ser um **líder eficaz** e de grande alcance, você deve ensinar com **autoridade** e estar sempre **preparado**, ou seja, deve ser profundo conhecedor da matéria sobre a qual está ensinando. Lembre-se: a preparação de Jesus durou mais de **trinta** anos.

· 4 ·

O líder CUIDA dos seus LIDERADOS

> "Então ele se aproximou dela, tomou-a pela mão e ajudou-a a levantar-se. A febre a deixou, e ela começou a servi-los."
>
> Marcos 1.31

Um líder cuida de seus seguidores e das pessoas importantes para eles. Quem está sob sua liderança somente pode ser eficaz quando as necessidades dele e também de seus familiares são satisfeitas. Um líder eficaz compreende essa verdade e é sensível a ela, servindo aos seus seguidores e aos familiares deles.

Essa afirmação pode soar um tanto "açucarada" para alguns líderes modernos, orientados, sobretudo, por seus objetivos. No entanto, essa é a fórmula prática suprema para o sucesso. Com a remoção dos obstáculos que podem desviar a atenção de seus liderados, você os capacita a se concentrarem no cumprimento das tarefas que lhes são dadas. Por mais estranho que possa parecer à primeira vista, a maneira mais segura de um líder ser bem-sucedido é colocar os outros em primeiro lugar, dando-lhes primazia. Isso deve incluir as famílias dos liderados.

> Por mais estranho que possa parecer à primeira vista, a maneira mais segura de um líder ser **bem-sucedido** é colocar os **outros** em **primeiro lugar**, dando-lhes primazia.

Observe no versículo de abertura deste capítulo que Jesus não instruiu nenhum de seus discípulos a auxiliar aquela mulher a se levantar para que a curasse, mas ele mesmo foi até ela e a ajudou a se erguer. Jesus se envolveu de modo pessoal na resolução do problema — um pequeno detalhe para alguém com tão importante missão.

Alguém poderia preferir argumentar que Jesus não tinha muito tempo para isso. Porém, mediante esse simples ato, Ele prova que, embora seja muito mais fácil dizer: "Cuide disto para mim", com frequência é melhor dizer: "Deixe que eu mesmo cuido".

Assim que foi curada por Jesus, a sogra de Pedro procurou retribuir a graça recebida, servindo a Ele e aos discípulos. Igualmente, seus liderados e suas famílias sempre se lembrarão de seu toque pessoal, com satisfação e profundo agradecimento.

· 5 ·

LIDERANÇA
requer
DISCIPLINA

> "De madrugada, quando ainda estava escuro, Jesus levantou-se, saiu de casa e foi para um lugar deserto, onde ficou orando."
>
> MARCOS 1.35

Um líder é disciplinado. Se você espera encontrar disciplina entre seus liderados enquanto ela for um artigo faltante em sua própria vida, eles perderão o respeito por você, algo que dará lugar ao ressentimento com o passar do tempo.

Nessa passagem, Marcos foi muito preciso ao informar que Jesus se levantara "de madrugada, quando ainda estava escuro". Jesus disciplinou-se no sábio uso do tempo; Ele já estava de pé, apesar de ainda ser alta madrugada. No entanto, ainda mais importante que isso, Jesus disciplinou-se para ter um período de oração e recolhimento — pré-requisitos para cristãos serem bem-sucedidos em qualquer posição de liderança.

Reservar um tempo para a oração e o isolamento não é uma opção, mas uma exigência. É possível que desenvolver o hábito da oração seja mais fácil do que o hábito de recolhimento, pois os líderes podem dedicar-se à oração em uma grande variedade de horários e lugares, porém um período a sós precisa ser buscado diligentemente.

Estabelecer esse período de recolhimento não é algo que acontece de modo natural ou fácil. Muito embora a natureza do relacionamento líder-seguidores exija um certo grau de companheirismo e tempo juntos, um líder precisa disciplinar a si e aos seus seguidores para estabelecer um período em que possa estar a sós, afastado da equipe. Marcos nos diz que, quando Simão Pedro e seus companheiros encontraram Jesus, exclamaram:

"Todos estão te procurando" (Marcos 1.37). Se fôssemos nós, provavelmente diríamos: "Ei, o que você está fazendo aqui? Todo mundo precisando de sua ajuda, e você trancado no escritório".

O fato de estarem precisando de você reafirma a sua liderança, porém os liderados precisam compreender que o líder necessita de períodos regulares de recolhimento. Grandes líderes como Abraham Lincoln, Winston Churchill e Thomas Edison seguiam o exemplo de Jesus, mantendo em sua agenda um tempo em que permaneciam a sós. Portanto, você deve fazer o mesmo.

A resposta de Jesus Cristo à exclamação de Pedro também é deveras instrutiva: "Vamos para outro lugar, para os povoados vizinhos, para que também lá eu pregue. Foi para isso que eu vim" (versículo 38). Estava claro que Jesus se encontrava recarregado emocionalmente e cheio de energia em decorrência daquele período de oração e recolhimento, pronto a prosseguir com sua missão. O tempo que se investe em oração e isolamento jamais constitui tempo perdido e tampouco diminui a eficácia de um líder; antes, é fator multiplicador dessa eficácia.

> Um líder precisa **disciplinar-se** a si e aos seus seguidores para estabelecer um período em que possa **estar a sós**, afastado da equipe.

A maioria de nós possui uma ideia equivocada a respeito de oração e recolhimento. Achamos que tais momentos na vida devem ser observados apenas quando esperamos por algo realmente importante. Nesse sentido, enxergamos a oração como algo equivalente ao período de aquecimento que um time de futebol realiza antes dos jogos. Todo mundo sabe que tais exercícios físicos apenas servem para deixar os atletas devidamente aquecidos para o grande jogo.

Existe um sentido real, entretanto, no qual a oração não constitui apenas momentos que antecedem os jogos, utilizando o exemplo do futebol. A oração é onde se perdem e ganham as batalhas da vida. Nós podemos ver algo semelhante a isso na vida de Jesus. De tempos em tempos, Ele procurava isolar-se dos demais, para estar a sós com seu Pai e derramar seu coração. Tudo o mais — os milagres que realizava, o ministério de ensino, suas confrontações com os inimigos — fluía naturalmente em função desse tempo a sós com Deus. Afinal, o único lugar onde o suor de Jesus tornou-se como gotas de sangue foi num jardim, quando esteve a sós com o Pai (Lucas 22.44), não quando esteve frente a frente com seus inimigos. Ele venceu a batalha só, antes de liderar seus seguidores em triunfo.

Oração e recolhimento, vitais para a liderança de Jesus, também são essenciais para nós.

• 6 •

ESPERE O INESPERADO

"Vendo a fé que eles tinham, Jesus disse ao paralítico: 'Filho, os seus pecados estão perdoados'."

MARCOS 2.5

Líderes lideram e administradores administram. Porém, é comum que se desempenhe os dois papéis em uma organização. O trecho do evangelho de Marcos 2.1-12 nos apresenta quatro homens que fizeram algo que todos os líderes deveriam fazer de tempos em tempos: reagir de forma positiva a situações completamente inesperadas.

Um *administrador* típico, quando se vê às voltas com uma situação incomum, sente-se inseguro sobre como reagir. Por outro lado, um *líder* típico vibra com o inesperado, reagindo de modo positivo, com um brilho inovador, assim como Jesus fez quando se deparou com o paralítico que, inesperadamente, foi introduzido pelo telhado, no recinto onde Ele pregava.

Os quatro homens que levaram o paralítico até Jesus demonstraram tanto uma liderança brilhante e espontânea como uma administração competente da situação. Muitos administradores típicos sentir-se-iam sobremaneira perturbados com tão inesperada interrupção que, possivelmente, fugiriam à cena, mas Jesus não faria isso. Seu brilhantismo como líder permitiu-lhe reagir para colher frutos do acontecimento. Um líder sabe como transformar situações inesperadas em benefícios à sua causa.

Nenhum outro líder, independentemente de quão brilhante seja, possuirá a capacidade sobrenatural de Jesus para conhecer as reais intenções das pessoas ao redor. No entanto, um líder deve ser capaz de avaliar uma situação inesperada em questão de segundos, obter uma correta leitura sobre o que está acontecendo e reagir de modo apropriado e produtivo.

Meu fiel amigo e parceiro de negócios, Donald Dell, é um dos maiores negociantes que conheço. Foi responsável por alguns dos mais famosos contratos no mundo dos esportes profissionais, representando atletas mundialmente conhecidos como Artur Ashe e Michael Jordan. Um aspecto importante de seu talento é a capacidade de discernir o que os outros estão pensando e sentindo. Mesmo em uma sala repleta de advogados, economistas e administradores, quase sempre hostis e antagônicos, Donald possui a misteriosa habilidade de perceber suas intenções, reagindo de modo adequado. Nossos clientes têm se beneficiado em grande medida desse dom.

Em Cafarnaum, Jesus conhecia os pensamentos do grupo reunido naquela casa, em particular os de seus adversários. Tal conhecimento, unido à sua capacidade inata de liderança, permitiu-lhe reagir ao inesperado do modo mais produtivo possível. Embora muito desse talento, em verdadeiros líderes, seja inerente e divino, com certeza pode ser desenvolvido e cultivado. Às vezes o talento está lá, perdido, por trás da falta de ousadia. Em diversas ocasiões já me ocorreu o seguinte: eu compreendia a situação, sabia exatamente o que devia dizer para obter o máximo benefício possível, mas, pressionado pela

> Um líder deve ser capaz de avaliar uma **situação inesperada** em questão de segundos, obter uma **correta leitura** sobre o que está acontecendo e reagir de modo **apropriado** e **produtivo**.

timidez, permanecia calado. *Carpe diem* — aproveite ao máximo o dia — deve ser uma frase-chave para todos os líderes.

Por outro lado, há quem possua a habilidade da ousadia, porém de forma nada habilidosa, sendo propenso a dizer coisas erradas nas horas mais impróprias. Como não somos Jesus, estamos sujeitos a isso e, portanto, não devemos encarar essa possibilidade como um obstáculo ao desenvolvimento e ao exercício de nossa liderança.

Ao mesmo tempo em que cuidava para não humilhar seus oponentes, Jesus os desafiava a considerar as questões mais importantes da vida. Em vez de exclamar algo como "Seus ignorantes, vocês não conseguem perceber que eu sou Deus?", preferiu lançar-lhes uma pergunta que os fez refletir profundamente. Ao desafiar o paralítico, dizendo-lhe "Levante-se, pegue a sua maca e ande", Jesus estabeleceu uma prova de sua autoridade. Todos os que puderam presenciar a cena foram capazes de verificar os resultados por si mesmos. Ou o homem se levantaria da maca, ou não. Mas Jesus não somente perdoou os pecados daquele homem, como também o curou da paralisia, de modo que seus adversários puderam reconhecer quem Ele era — sem humilhação, apenas uma pergunta para refletirem por muito tempo após o milagre ser realizado.

Um líder conhece a diferença entre liderança e administração e valoriza a ambas. Está sempre pronto a reagir positivamente ao inesperado, analisando situações e expressando-se com ousadia, enquanto é conduzido pelo Espírito Santo.

• 7 •

ESCOLHENDO a EQUIPE

"Passando por ali, viu Levi, filho de Alfeu, sentado na coletoria, e disse-lhe: 'Siga-me'. Levi levantou-se e o seguiu."

MARCOS 2.14

No início de minha carreira, quando apenas sonhava em ingressar no mundo dos esportes profissionais (o que aconteceria bem depois), trabalhei como treinador em escolas de ensino médio. Um cargo executivo no time do Miami Dolphins pode parecer o cume de uma longa trilha ascendente se considerarmos que o ponto de partida foi uma pequena escola de Flint Hill, Kansas. Porém, na realidade, o caminho não foi tão longo assim, pois os princípios aprendidos nessas pequenas escolas eram muito similares aos princípios necessários para o sucesso no ramo dos esportes profissionais.

Como treinador em escolas de ensino médio, aprendi que, quando não dispomos de uma equipe de profissionais remunerados, mas dependemos de mão de obra abnegada e voluntária, a escolha desses voluntários assume uma importância crucial. A posição-chave para o sucesso de um treinador de colegiais é a do administrador. Obtenha um administrador competente e comprometido com a função, e muito da logística necessária para colocar em atividade uma equipe esportiva escolar pode ser tratada sem a necessidade de seu envolvimento direto. Um administrador inteligente pode ser a extensão dos olhos e dos ouvidos do treinador entre os jogadores, de uma forma que mais nenhum outro é capaz. Um administrador eficiente é fundamental para fazer funcionar um bom programa de preparação.

Um antigo e sábio diretor de atletismo — um de meus primeiros chefes — aconselhou-me a nunca escolher o candidato mais atraente, extrovertido ou popular para o cargo de administrador dos estudantes, principalmente se for alguém popular entre as garotas. Ao invés disso, ele recomendava selecionar alguém que fosse esperto, porém do tipo tímido e introvertido, que falhara em se destacar em outras áreas. Sustentava a teoria de que esse tipo de rapaz (Sem muitos amigos e com pouca aspiração à popularidade) ficaria tão agradecido a você, por tirá-lo da obscuridade e insignificância, que trabalharia duro e seria irrepreensivelmente leal.

Esse formidável conselho propiciou aos meus times uma sucessão de superadministradores de estudantes. Ao receberem um pouco de atenção e a permissão para estarem sob a luz dos holofotes, tais alunos, não raro, transformam-se em tremendos líderes estudantis em outras áreas. Meu antigo diretor pode muito bem ter aprendido esse método de recrutamento com Jesus.

Ao selecionar Mateus, um desprezado e odiado coletor de impostos, Jesus certamente contrariou a sabedoria convencional da época, enxergando além da impopular profissão de Mateus para nos ensinar uma importante lição: um líder sábio escolherá com extremo cuidado os indivíduos que farão parte de sua equipe, porém não o fará com base na aparência e atração pessoal, mas nos valores profundos e louváveis. Um dos critérios de

> Um líder sábio escolherá com extremo cuidado os indivíduos que farão parte de sua equipe, porém **não** com base na **aparência** e **atração** pessoal, mas em valores **profundos** e **louváveis**.

seleção deve ser, por exemplo, considerar dentre os candidatos o que mais apreciará ser escolhido. Jesus revisitou essa teoria na parábola dos dois devedores (Lucas 7.41-43) — aquele cuja dívida perdoada é maior ama mais o credor.

Escolhendo um coletor de impostos, Jesus mostrou que um líder deve considerar a diversidade ao formar a sua equipe — todos os tipos de diversidade, em particular, de talento, temperamento e experiência. Um líder menos atento e cuidadoso tende a formar uma equipe homogênea, constituída de pessoas parecidas em temperamento e visão, em virtude de históricos e experiências similares. Ao contrário do que se poderia pensar, tal similaridade entre membros enfraquece a equipe. Em nossa concepção, imaginamos que homens como Mateus e Pedro (um coletor de impostos e um pescador, respectivamente), após algum tempo juntos, teriam vontade de estrangular um ao outro. Imagine um estivador tendo que trabalhar ao lado de um agente da Receita Federal! Jesus, no entanto, viu algo mais naqueles homens e não teve receio em escolhê-los para a mesma equipe.

Somente um grande líder correria esse risco, somente um líder extraordinário poderia promover essa união.

· 8 ·

À MESA com a TROPA

"Durante uma refeição na casa de Levi, muitos publicanos e 'pecadores' estavam comendo com Jesus e seus discípulos..."

MARCOS 2.15

Os líderes fazem as refeições com suas tropas. Trata-se de um momento propício para aprofundar relacionamentos e de uma ótima ocasião para o ensino.

Não é por coincidência que na Bíblia os alimentos são metáforas úteis; pão, carne, peixe, leite e mel são todos sinônimos bíblicos para conhecimento e aprendizado. Os Evangelhos revelam quanto a comida e a bebida foram o pano de fundo para muitas das mais poderosas e importantes lições de Jesus Cristo — como exemplo maior, podemos mencionar a Última Ceia. Tais ocasiões são frequentes em todo o Novo Testamento, desde o milagre de Jesus, que transformou a água em vinho, até a comovente maneira como Ele reapareceu aos seus discípulos após sua ressurreição, quando então lhes preparou o café da manhã, na orla da praia do mar da Galileia.

> Os líderes não devem negligenciar o poder catalisador das **refeições** em conjunto como o cenário ideal para edificar **relacionamentos produtivos** e **duradouros**, além de compartilhar importantes lições.

Os líderes não devem negligenciar o poder catalisador das refeições em conjunto como o cenário ideal para edificar relacionamentos produtivos e duradouros, além de compartilhar importantes lições. Os líderes sabem que seus liderados costumam se intimidar com sua presença, e nada é mais eficaz, na arte de romper barreiras, que partilhar um refrigerante e um sanduíche ou um rápido café da manhã.

Memorandos, manuais e seminários são ferramentas úteis no ensino, porém jamais poderão substituir um agradável período de confraternização ou jantar, como meio de promover o ensino e o crescimento mútuo. Restaurantes exclusivos para executivos ou mesmo lanches rápidos em suas mesas de trabalho têm sua hora adequada, porém um líder sábio, com certeza, irá muitas vezes "partir o pão" na companhia daqueles que pretende liderar.

· 9 ·

TRADIÇÕES

"E então lhes disse: 'O sábado foi feito por causa do homem, e não o homem por causa do sábado'."

MARCOS 2.27

O líder respeita as tradições, mas respeita ainda mais as pessoas. Se uma tradição é válida e útil, ele a utilizará para seus objetivos.

Jesus fez isso de muitas maneiras, ao usar as tradições que glorificavam a Deus para ser compreendido. Foi cuidadoso, entretanto, ao não deixar de lado tradições que não passavam de pesadas obrigações sem sentido e que, por isso mesmo, não refletiam a natureza divina. Discernir essa diferença é fundamental.

Alguns aspirantes a líder atraem seguidores temporários mediante o ataque indiscriminado, e muitas vezes ostensivo, às tradições, denegrindo-as. Há quem seja atraído por essa atitude iconoclasta, mas esse não é o modo de agir de um verdadeiro líder. Um líder na acepção plena da palavra compreende que a tradição pode ser um elemento positivo, unificando e revigorando as pessoas que o seguem. Um líder sábio valoriza as tradições que são úteis e que contribuem para o desenvolvimento pessoal.

Porém, as tradições que implicam um fardo pesado e desnecessário devem sempre estar na mira de todo líder eficaz. Em vez de aceitar passivamente a declaração: "Nós sempre fizemos dessa maneira", um líder qualificado pergunta: "Por quê?" e: "Nós não podemos fazer melhor?". Quando convencido de que uma mudança é benéfica, de imediato, o líder começa a estabelecer uma nova tradição. Porém, destruir uma velha tradição sem nenhum motivo convincente não é o exercício da liderança.

Quando a quebra de uma tradição é imperativa, entretanto, os líderes devem encontrar uma maneira de explicar suas novas ideias de forma clara, a fim de que seus seguidores possam compreendê-las. Ao fazer uso tanto das Escrituras quanto do relato da experiência de Davi, que comeu pão consagrado (Marcos 2.25-28), Jesus respondeu aos judeus em termos que eles pudessem claramente compreender. É muito fácil dizer: "Fora com o velho, siga o novo e esqueça o passado". É melhor, contudo, ir "de volta ao futuro" e encontrar no passado um precedente para as mudanças que você deseja fazer no presente. Alguns líderes sentem-se algemados ao passado, incapazes de progredir, quando, na verdade, deveriam ver o passado como um poderoso aliado.

> Os líderes devem encontrar uma maneira de explicar suas **novas ideias** de forma clara, a fim de que seus seguidores possam compreendê-las.

A tradição, por si só, não é boa nem má. Os líderes dotados de sabedoria e visão — especialmente em empresas grandes e estáveis — devem inspirar-se no passado, mas não devem prender-se a ele. Às vezes as tradições podem tornar-se algemas se nos impedem de fazer o que sabemos que precisa ser feito. Essa ideia foi, exatamente, o que Jesus quis expressar quando disse: "O sábado foi estabelecido por causa do homem, e não o homem por causa do sábado".

Qualquer que seja sua área de liderança — a casa, a escola, a igreja, uma organização civil ou um escritório de negócios —, sua resposta às tradições irá ajudá-lo a determinar quão eficaz você é como líder. Um bom *administrador* utiliza o sistema de trabalho existente em seu próprio benefício; um bom *líder* questiona o sistema vigente, implementando as modificações que forem necessárias para promover melhorias. Em Jesus, o líder supremo, as coisas velhas já passaram, eis que tudo se fez novo.

• 10 •

O NÚCLEO

> *"Jesus retirou-se com os seus discípulos para o mar, e uma grande multidão vinda da Galileia o seguia."*
>
> MARCOS 3.7

Mesmo aqueles que lideram multidões de pessoas precisam ter, mais próximos de si, um pequeno e seleto grupo de seguidores, os quais recebem uma atenção especial. Um líder impessoal, daqueles que mantém todos à distância, jamais conseguirá atingir plenamente os seus objetivos.

Conheço um diretor de faculdade — brilhante educador, administrador e escritor — que (a despeito de seu grande carisma pessoal) nunca foi capaz de desenvolver relacionamentos com os integrantes de suas equipes administrativas que escapassem a uma insípida superficialidade.

Estranhamente, ele parecia ficar mais à vontade em lugar com multidões do que em ambientes onde havia um contato mais pessoal e íntimo com as pessoas. Executava um ótimo trabalho e representava sua escola de modo ímpar. Embora realizasse muito, parecia estar sempre se mudando antes de completar seu trabalho, quando o melhor ainda estava para ser executado. Líderes assim sempre mencionam a falta de relacionamentos mais profundos com seus liderados como motivo para sua curta permanência.

Jesus, no entanto, certificou-se de garantir atenção especial e concentrada a um círculo fechado de seguidores. A Bíblia relata que Ele falava para as multidões, porém *ensinava* os discípulos, em especial a três deles — Pedro, Tiago e João — a quem legava as mais importantes lições. Muitas vezes, Jesus transmitia as mensagens mais cruciais individualmente, ilustrando um dos mais importantes e fundamentais ensinamentos sobre sua liderança: um relacionamento íntimo e especial com um pequeno grupo de seguidores é essencial para um líder eficaz.

Concentrar toda a sua energia em grupos grandes é algo improdutivo. Porém, o líder que compartilha sua intimidade e inspiração a um pequeno grupo obterá resultados expressivos e duradouros, porque aquele seleto grupo continuará a propagar seus ensinamentos e objetivos, nos quais passaram a acreditar. Considere, por exemplo, os incríveis resultados que os discípulos conseguiram após Jesus tê-los deixado. os haver deixado.

Certamente há ocasiões em que um líder precisa dirigir-se a grupos maiores. O líder eficaz trabalha para desenvolver habilidades, sensibilidade e naturalidade tanto para estar com as multidões como para estar na intimidade de pequenos grupos. Embora alguns sejam naturalmente capacitados para estar em um cenário mais que em outro, é possível melhorar o desempenho em ambos. Se você almeja ser um líder (ou, talvez, um líder *melhor*), avalie seus pontos fortes e fracos em cada área, e trabalhe no sentido de melhorar os fortes e eliminar os fracos.

> O líder que compartilha sua **intimidade** e **inspiração** a um pequeno grupo obterá resultados expressivos e **duradouros**, porque aquele seleto grupo continuará a **propagar** seus ensinamentos e objetivos.

• 11 •

Os LÍDERES PLANEJAM

"Por causa da multidão, ele disse aos discípulos que lhe preparassem um pequeno barco, para evitar que o comprimissem."

Marcos 3.9

Sim, os líderes devem saber como reagir de imediato aos obstáculos e às oportunidades inesperadas, tornando-se capazes de maximizar os benefícios de situações imprevistas. Isso, no entanto não significa que eles não tracem planos. A liderança visionária requer tanto uma visão de longo alcance das oportunidades como um planejamento no curto prazo, a fim de avançar ao próximo nível. Meça a sua liderança nesse sentido. Você tem definido em sua mente o objetivo maior? Você sabe como dar o próximo passo?

Os detalhes são importantes. Certa vez, um amigo perguntou ao grande Michelangelo por que razão ele havia trabalhado tanto tempo nos complexos e intrincados detalhes da Capela Sistina, em Roma; detalhes tão diminutos que somente estando-se muito perto seriam percebidos.

"Além disso" completou o amigo, "quem será capaz de discernir e saber se está perfeito ou não?".

"Eu saberei", replicou o artista.

O tempo tem justificado plenamente a meticulosa atenção que Michelangelo dispensou aos detalhes. Centenas de anos mais tarde, seus incomparáveis afrescos são considerados um dos maiores trabalhos artísticos já produzidos em todos os tempos.

Será que Deus está interessado em detalhes? Leia os capítulos de 25 a 40 do livro de Êxodo e veja como Deus dá instruções extremamente detalhadas sobre a construção do tabernáculo. Ele fornece a descrição de um projeto que qualquer arquiteto admiraria. Sim, Deus se importa com os detalhes e, portanto, nós também devemos.

Ao longo de seu ministério, Jesus lidou com multidões tanto de admiradores como de opositores e sempre teve planos para elas. Quer fosse dizer aos seus discípulos que preparassem um pequeno barco, para que pudesse estar livre de ser comprimido pela multidão de ouvintes, ou levá-los ao cume de uma montanha para ensiná-los de forma mais eficaz, Ele sempre tinha pronto um plano que complementava seu estilo de liderança.

O plano mestre de Jesus é o mais brilhante e magnífico plano jamais concebido por nenhum outro. Por diversas vezes Ele demonstrou sua capacidade de liderança mediante a precisão de seu planejamento. Mesmo nas coisas aparentemente simples — do jumento a postos para sua triunfal entrada em Jerusalém até o aposento superior preparado para a Última Ceia — Ele cuidou do planejamento.

Siga o exemplo perfeito de Jesus. Seja um líder.

Seja um planejador.

> A liderança **visionária** requer tanto uma visão de **longo alcance** das oportunidades como um planejamento no **curto prazo**, a fim de avançar ao próximo nível.

• 12 •

RETIRADA ESTRATÉGICA

"Mas ele lhes dava ordens severas para que não dissessem quem ele era."

MARCOS 3.12

Uma retirada estratégica quase sempre é um elemento necessário ao sucesso.

O líder dotado de entendimento sabe que dificilmente colecionará sucessivas vitórias sem que sua bem-sucedida marcha seja impedida ou interrompida. Sempre haverá oportunidades em que um líder consciente optará por uma retirada estratégica: No esporte, por exemplo, temos os conhecidos pedidos de tempo, quando o treinador para o jogo visando esfriar o ímpeto do time adversário ou reunir seus atletas a fim de orientá-los. Em qualquer situação da vida real, surgirão momentos em que "a discrição é a qualidade mais valiosa", quando uma temporária saída de cena, uma retirada estratégica ou mesmo um pedido de tempo são atitudes não só necessárias, como também indispensáveis. O líder insensato pode permitir que o orgulho, o ego excessivo ou sua obstinação o façam esquecer-se de que a liderança, num esforço meritório, deve levar em conta a floresta, não só a árvore. Uma batalha perdida ou uma retirada estratégica dentro de um esforço de vitória global é, na realidade, uma conquista.

No episódio em que os fariseus conspiraram com os herodianos visando matar Jesus, logo após Ele haver curado a mão ressequida de um homem em pleno sábado (Marcos 3.1-6), é claro que Ele poderia tê-los enfrentado naquela mesma hora. Jesus poderia ter assumido uma posição de confronto; porém, em sua infinita sabedoria, não o fez. Ele retirou-se.

Quando os espíritos imundos, ao vê-lo, prostraram-se diante dele e exclamaram: "Tu és o Filho de Deus" (Marcos 3.11), Jesus poderia ter dito: "Sim! Contem para todo o mundo esta verdade!", mas Ele não agiu assim, pois sabia que o momento certo ainda não havia chegado. Suas tropas não estavam prontas. Aquele era o momento de um pedido de tempo, por isso Jesus os advertiu severamente para que não contassem a ninguém sobre sua verdadeira identidade.

> Uma batalha **perdida** ou uma **retirada** estratégica dentro de um **esforço** de vitória global é, na realidade, uma **conquista**.

Algumas vezes, o líder deve apenas gritar: "Tempo!". Assim como um jogador de basquete precisa parar um pouco para retomar o fôlego, ou o capitão do time precisa conversar com o técnico, nós também precisamos de uma pausa estratégica da rotina frenética para conversarmos a sós com os membros da equipe e não devemos nos sentir tão mal por isso.

Tanto no mundo dos negócios como no contexto da vida da igreja, tenho sido testemunha de louváveis esforços que terminaram em vão, simplesmente porque os líderes não se permitiram executar uma vital retirada estratégica ou um pedido de tempo tático, devido ao zelo excessivo ou falta de visão. Nos negócios, alguns executivos investem tanto de seu ego em um determinado planejamento, produto ou programa, que se tornam incapazes de interrompê-lo, mesmo diante de perdas contínuas e desastre iminente.

Alguns pastores e líderes religiosos tornam-se tão certos de que seus planos de evangelismo, de crescimento da igreja ou de construção de um novo templo, estão no alvo certo, que insistem em prosseguir, mesmo enfrentando a apatia da congregação, ou ainda franca oposição, avessos que estão à ideia de um pedido tático de tempo — paralisar momentaneamente as atividades — a fim de educar, encorajar e formar um consenso. Quando isso ocorre, igrejas enfrentam cisões, relacionamentos são quebrados e planos (ainda que sejam positivos) jamais se materializam. Como resultado, o reino de Deus permanece estagnado.

O líder que é sábio decide por uma saída tática, retirando-se de cena, quando necessário, a fim de alcançar o melhor. Com frequência, a liderança requer "aceitar as dificuldades com serenidade" e considerar "dar um tempo" rumo ao objetivo final. Jesus demonstrou isto tantas vezes e brilhantemente que essa é uma daquelas lições de liderança que jamais esqueceremos.

• 13 •

o LUGAR

> "Jesus subiu a um monte e chamou a si aqueles que ele quis, os quais vieram para junto dele."
>
> Marcos 3.13

Ao olharmos o exemplo de Jesus, vemos que o *lugar* escolhido é de suma importância. Um líder eficaz deve escolher o lugar mais apropriado para marcar, indelevelmente, as ocasiões e os eventos importantes.

Não é por mero acaso ou coincidência que Jesus escolhe o cume de um monte como cenário de seu histórico chamado aos doze homens que, mais tarde, colocariam o mundo de pernas para o ar, ou seja, um lugar memorável para a mais memorável das ocasiões. Embora as Escrituras não revelem qual monte Jesus escolheu para esse fim, por ter estado na Galileia inúmeras vezes, posso afirmar que Jesus teve à sua disposição escolhas verdadeiramente inspiradoras: a elevação de onde ele pregou o famoso Sermão do Monte, o cabo formado por rochas, atrás da moderna cidade de Tiberíades, ou mesmo as famosas colinas de Golan, com sua vista para todo o mar da Galileia. Qualquer um desses cumes poderia servir como inesquecível cenário para aquele momento crucial na vida dos discípulos. Imagino que em muitas ocasiões, após esse acontecimento marcante, um discípulo disse ao outro: "Lembra-se daquele monte? Lembra quando Jesus nos chamou aos doze? Aquele momento foi realmente maravilhoso, não?". Todos os líderes, assim como os que aspiram sê-lo, devem considerar com muito cuidado o cenário — o lugar — para estar junto aos seus comandados nas ocasiões mais importantes.

Em duas ocasiões, em meus próprios negócios, a vida me mostrou isso. Antes de iniciar minha carreira nos esportes profissionais, junto ao Miami Dolphins, meu chefe queria que eu ficasse algum tempo com Bill Veeck, hoje, infelizmente, falecido. Bill tornou-se uma lenda viva do esporte profissional como proprietário do Cleveland Indians e do Chicago White Sox; suas ousadas e inovadoras promoções forneceram o alicerce para o atual e moderno marketing esportivo.

Meu encontro com o Sr. Veeck poderia ter acontecido em qualquer lugar, em um sem número de inexpressivos hotéis. Não obstante, em vez disso, sabiamente meu chefe arranjou para que eu fosse à residência de Veeck, na costa leste de Maryland. Lá, em sua belíssima casa, localizada em Chesapeake Bay, repleta de memoráveis fotos e lembranças de sua espetacular carreira no mundo desportivo, Bill Veeck me alertou sobre os desafios e as oportunidades que eu iria enfrentar trabalhando com os Dolphins. Aquela foi uma experiência sublime para mim, em grande parte devido ao cenário, tão memorável e grandioso.

> Um líder eficaz deve escolher o **lugar** mais apropriado para marcar, indelevelmente, as **ocasiões** e **eventos importantes**.

Donald Dell, por duas vezes vencedor da Taça Davis como capitão do time americano, tem sido meu parceiro de negócios e amigo por muitos anos. Quando queria solidificar e fortalecer a nossa parceria, ele e sua esposa nos convidavam para ir a The Greenbriar, uma agradável e graciosa estância em White Sulphur Springs, West Virginia. Enfatizo, uma vez mais, que poderíamos ter nos encontrado em qualquer lugar; existe uma infinidade de hotéis próximos aos aeroportos, bem mais fáceis de encontrar do que o The Greenbriar, escondido entre belíssimas montanhas. Embora isso tenha ocorrido há mais de 25 anos, ainda me lembro das caminhadas que fiz em companhia de Donald ao longo das sossegadas e inspiradoras trilhas que rodeavam o local, parando de vez em quando debaixo de majestosos carvalhos, enquanto conversávamos e sonhávamos com a vida de negócios que compartilharíamos. O cenário foi fundamental para o sucesso daquela ocasião, propiciando memórias inspiradoras que nunca teríamos se tivéssemos decidido nos encontrar em um lugar comum.

Quando Jesus veio, ele preencheu o tempo e o espaço. Enquanto exercer a sua liderança, lembre-se sempre da grande importância de ambos: do tempo e do lugar.

• 14 •

A MATÉRIA-PRIMA da LIDERANÇA

"Escolheu doze, designando-os apóstolos, para que estivessem com ele, os enviasse a pregar e tivessem autoridade para expulsar demônios."

MARCOS 3.14,15

Não podemos falar em liderança sem abordar a questão da autoridade — discorrendo sobre como adquiri-la, utilizá-la e investi-la em outros.

Exercer liderança não é ficar dando ordens como um guarda de trânsito. Essa seria, sobretudo, uma função administrativa. Os líderes devem replicar a si mesmos, incentivando e influenciando seus liderados de um modo que possam, cada vez mais, agir por sua própria conta e iniciativa, em prol da causa. Verdadeiros líderes são visionários, antecipando o momento em que não mais estarão presentes e preparando seus liderados para assumirem o topo.

Jesus recebeu autoridade de seu Pai. Deste vieram o poder de seu ensino, a singularidade de seus atos e a força de quem Ele era. Porém, o uso primordial de sua autoridade consistiu em investimento nos discípulos, ensinando-os e inspirando-os para agirem em seu nome e por sua causa. Temos certeza da eficácia dessa forma de liderança quando testemunhamos, todos os dias, milhões de pessoas em todo o mundo que continuam a agir em seu nome e por sua causa.

A liderança sempre será falha quando não houver investimento nos seguidores a fim de que façam a causa progredir independentemente do líder. Quando não estimula em sua congregação o surgimento de membros capazes de expulsar os "demônios" da divisão e da desordem, o pastor mostra que não aprendeu as lições de liderança de Jesus, ou não se apropriou delas. Um pastor pode ser um brilhante organizador e pregador; porém, se nenhum dos membros de sua igreja usa a autoridade que Jesus deseja para cada um de nós, a liderança nessa igreja não terá atingido seu principal objetivo.

O líder sábio possui um grupo de seguidores capaz de substituí-lo com autoridade. Marcos disse que Jesus escolheu doze homens "para estarem com ele". O lugar-comum que aponta para um único indivíduo no topo representa, na verdade, uma liderança falha. Os melhores líderes não se isolam em redomas, antes desenvolvem uma relação íntima com um seleto grupo de liderados. Você está produzindo um grupo de pessoas que estão "com" você e que o ajudam na tarefa de liderá-los?

> Verdadeiros líderes são **visionários**, antecipando o momento em que **não** mais estarão **presentes** e **preparando** seus liderados para assumir o **topo**.

Assim como as ocasiões e os lugares especiais, símbolos importantes também foram utilizados por Jesus para acrescer impacto à sua liderança. Não foi por acaso que escolheu *doze* homens em vez de dez ou quarenta. Os doze representam cada uma das doze tribos de Israel; esse número possui um significado e uma mensagem. Os símbolos são elementos poderosos. Dispense atenção e importância a logotipos, títulos, lemas e frases que comuniquem a missão e a visão de sua empresa. Use-os como parte de sua estratégia de liderança.

• 15 •

ATAQUES DOLOROSOS

> "Quando seus familiares ouviram falar disso, saíram para trazê-lo à força, pois diziam: 'Ele está fora de si'."
>
> Marcos 3.21

O trecho bíblico acabamos de ver é um dos mais pungentes de todos os relatos bíblicos relacionados ao nosso assunto, pois oferece uma ideia do alto preço que as pessoas investidas em alguma posição de liderança são com frequência obrigadas a pagar.

Opor-se a um ataque já esperado dos inimigos é uma situação; mesmo enfrentar deserções entre as fileiras de liderados, embora não seja nada agradável, faz parte da liderança. No entanto, quando nossos próprios familiares não acreditam em nós e em nossa visão, a dor é intensa, no mais profundo de nosso ser. Assim, considere os dolorosos sentimentos vivenciados por Jesus em ocasiões como a relatada em Marcos 3.21. Ele havia se reunido a um grupo de seguidores, realizado curas milagrosas e atraído a grandes multidões; ainda assim, sua própria família sentenciara: "Ele está fora de si". Algo duro de ouvir.

A liderança de alto nível quase sempre exige forçar alguma visão ou conceito que podem ser questionados mesmo pelos seguidores mais fiéis e próximos a nós, que em casos extremos talvez até coloquem em dúvida nossa sanidade mental. Tal questionamento servirá, porém, como um termômetro para uma decisão futura: "Se entre quem eu respeito não houver alguém que questione o que penso em fazer, como saberei se é a atitude correta?".

Se você almeja exercer algum tipo de liderança, tente passar no seguinte teste: "Se a minha própria família afirma com convicção que estou louco, ainda assim devo prosseguir?" No caso de Jesus, obviamente, Ele prosseguiu, mas, por certo, não sem sentir muita dor e sofrimento.

Novamente, é muito importante compreender que não é desgraça ou vergonha chegar à conclusão de que não se é capaz de ir contra a família, falhando nesse ou em qualquer outro teste de liderança; nem todos são chamados à liderança. Afinal de contas, para que existam líderes bem-sucedidos é necessário que haja seguidores. A maioria de nós precisa ser seguidores bons e dedicados em nossos propósitos terrenos. No entanto, todos nós, naturalmente, precisamos ser bons e dedicados seguidores do Senhor Jesus. Na visão de Deus, os líderes não são mais valiosos ou importantes que os seguidores. Ele ama a todos nós, sem distinção.

> A maioria de nós precisa ser **seguidores** bons e **dedicados** em nossos **propósitos** terrenos.

Em minha carreira como homem de negócios, creio que desempenhei melhor o meu papel como seguidor que como líder. Tornei-me o presidente de minha empresa e fui forçado a assumir responsabilidades como líder; porém, quando olho para trás e analiso os meus quarenta anos na área de negócios, sinto que desempenhei melhor o meu papel como seguidor, como liderado, realizando os meus trabalhos mais produtivos como o número dois, servindo a um líder que eu admirava e respeitava.

Quando encaramos com honestidade, clareza e submissão à vontade de Deus a possibilidade de assumir um cargo de liderança, falhar em tornar-se líder não deve ser uma tragédia pessoal. Se, em atitude de oração, examinarmos as oportunidades de liderança e então formos obedientes, seremos bem-sucedidos tanto como líder quanto como liderado. A tragédia consiste em assumir as responsabilidades de liderança para a qual não fomos claramente chamados a assumir, ou então quando buscamos desesperadamente responsabilidades de liderança sem examinar com objetividade e atitude de oração nossa capacidade de liderar. Quando uma dessas situações ocorre, pessoas são feridas, recursos são desperdiçados e ótimas oportunidades de crescimento são retardadas.

Você está disposto a pagar o alto preço da liderança? Examine-se, avalie se realmente pode ou deseja ser um líder. Peça a Deus para guiá-lo nessa autoanálise.

• 16 •

LÍDERES contam HISTÓRIAS

"Então Jesus os chamou e lhes falou por parábolas."

MARCOS 3.23

Os comunicadores mais eficazes têm sido grandes contadores de histórias: Esopo, Jesus, Abraham Lincoln, Mark Twain, Garrison Taylor, Ronald Reagan. Por quê? Simplesmente, porque todo o mundo ama ouvir histórias. Elas são como janelas para a verdade.

Em seu marcante livro sobre liderança corporativa, *Vencendo a crise*, Tom Peters confirma o quanto é eficaz liderar por meio do ato de narrar histórias. Trata-se de algo que exige mais do que apenas desenvolver longos, e muitas vezes cansativos, relatos; as histórias devem conter pontos relevantes. Por meio de parábolas, Jesus transmitiu muitas de suas mais importantes mensagens. Os líderes precisam reconhecer o impacto que as histórias podem exercer em seus liderados e preparar o seu próprio repertório de parábolas, relacionadas com seus empreendimentos.

Wayne Callaway tornou-se um bem-sucedido presidente da PepsiCo. Eu o conheci quando morávamos em Dallas e Wayne presidia a Frito-Lay, uma das maiores e mais lucrativas divisões da PepsiCo. Muitos atribuem o estrondoso sucesso da Frito-Lay a seu legendário sistema de distribuição; legendário porque — de acordo com Wayne — a liderança da Frito-Lay contava e recontava feitos incríveis de funcionários da distribuição para assegurar que os produtos chegassem aos clientes mais inacessíveis. Tais histórias retratavam esses funcionários como verdadeiros heróis, o que incentivava os demais a desejarem ser como eles. Além disso, e mais importante que tudo, estabeleceram uma cultura corporativa que celebrava a qualidade do serviço.

Jesus criou e aperfeiçoou o uso das parábolas como uma estratégia a serviço da liderança. Pense nos heróis criados por ele e que ainda nos inspiram nos dias de hoje — o bom samaritano, o empregado fiel, as virgens prudentes, a viúva pobre, além de muitos outros. Como líder, você precisa ensinar por meio de histórias relevantes que fomentem o surgimento de heróis e heroínas, construam lendas e o auxiliem a estabelecer o tipo de cultura que inspire a excelência em seus liderados.

> Jesus criou e aperfeiçoou o uso das **parábolas** como uma estratégia a serviço da liderança.

Muitos contam histórias nas quais *eles* próprios surgem como heróis. No entanto, Jesus não era o protagonista das parábolas que contava. Proceda da mesma forma. Se você almeja ser um herói, faça o que for necessário para protagonizar as histórias que serão contadas por *outros*.

Jesus ensinou de inúmeras maneiras, porém as maravilhosas histórias que utilizou para ensinar são grandes exemplos de como transmitir lições importantes de forma memorável e indelével. Os líderes sábios irão se lembrar disso.

• 17 •

UNIDADE IMPRESCINDÍVEL

"Se uma casa estiver dividida contra si mesma, também não poderá subsistir."

Marcos 3.25

A liderança de qualidade produz unidade, e um líder sábio está sempre disposto a sacrifícios para obter a unidade de seu grupo.

Tive o privilégio de ser um atleta estudantil. Em quatro anos de qualificação, atuei em duas equipes universitárias de basquete muito diferentes entre si. Quando digo diferentes, não me refiro apenas ao nível de talento, mas, principalmente, ao grau de unidade. Jogar uma longa temporada em um time totalmente dividido por brigas e discussões entre os integrantes não foi muito divertido e tirou-me grande parte da alegria e do prazer de jogar basquete. Em contrapartida, os times em que a união era fator preponderante foram me propiciaram algumas das minhas recordações mais valiosas e relacionamentos pessoais mais duradouros.

> A **unidade** não se instala naturalmente, devendo ser perseguida e ensinada.

Treinadores bem-sucedidos costumam abrir mão dos jogadores que, apesar de talentosos, criam desunião na equipe. Os remanescentes, ainda que sejam menos hábeis, não raro são mais úteis para o jogo de equipe, gerando melhores resultados. A unidade é muito importante. Não existem substitutos para ela.

É um pré-requisito para o sucesso. Porém, a unidade não se realiza naturalmente, devendo ser perseguida e ensinada.

Em minha experiência como jogador de basquete, a liderança que produzia grande parte da unidade da equipe vinha em geral de um jogador e não do treinador. O líder titular nem sempre é aquele que instila unidade em sua equipe. Em compensação, a unidade pode ser facilmente aniquilada por qualquer um. Um líder sábio fará tudo o que estiver ao seu alcance para estar com aqueles que contribuem para a união do grupo, tentando, ao mesmo tempo, eliminar as possíveis causas de desunião dentro da equipe.

Ao dizer que uma casa dividida contra si mesma não pode subsistir, Jesus enunciou uma verdade que se aplica a qualquer empreendimento humano. A unidade é essencial. Não tenha medo de eliminar as fontes de desunião dentro de sua empresa ou negócio. Esta é a sua responsabilidade como líder.

• 18 •

LÍDERES
nem sempre são
APRECIADOS

"Jesus falou isso porque eles estavam dizendo: 'Ele está com um espírito imundo'."

MARCOS 3.30

A história de Jesus mostra que, mesmo quando estivermos trabalhando arduamente para o bem-estar dos outros, alguns dirão que somos do maligno. No exemplo descrito por Marcos, os fariseus deliberadamente torceram as palavras e os atos de Jesus para estes parecessem malignos.

Isso também ocorre com os líderes de hoje, mesmo com os que estão imbuídos das melhores e mais elevadas intenções. Você não será julgado e visto com justiça e equidade o tempo todo. É possível que faça somente o bem e, ainda assim, sofra ataques. Não espere ser tratado com justiça em um mundo tão falho e imperfeito.

> Você não será **julgado** e visto com **justiça** e **equidade** o tempo todo.

Sir Winston Churchill talvez tenha sido o maior líder do século XX. Sua liderança firme, corajosa e magnificente à frente do povo britânico, durante os sombrios dias da Segunda Guerra Mundial, inspirou os amantes da liberdade em todo o mundo. Não obstante, apesar de sua atuação preponderante na vitória contra os nazistas, ele foi sumariamente deposto do cargo pelos eleitores, nas primeiras eleições ocorridas após a guerra! Esse é um típico exemplo do que os líderes, via de regra, enfrentam. A apreciação ampla e irrestrita nem sempre acompanha uma grande e notável liderança.

• 19 •

NÃO se pode GANHAR TODAS

> "Enquanto lançava a semente, parte dela caiu à beira do caminho... outra ainda caiu em boa terra..."
>
> MARCOS 4.4,8

Há uma declaração antiga e bastante verdadeira no mundo esportivo americano: "Você ganha umas, perde outras e algumas são canceladas devido à chuva". Um líder sábio irá compreender as implicações desta frase em sua liderança.

Sem exceção, todo líder gostaria de ganhar todas as disputas, porém isso é impossível; ninguém é capaz de ganhar mais do que "algumas". De igual sorte, é muito importante entender os "cancelamentos devido às chuvas"; aquelas pessoas e circunstâncias para as quais haverá um outro dia e oportunidade — não houve vitória ou derrota, mas haverá no futuro. Tais eventos devem ser relembrados e "reprogramados" para um momento mais oportuno, mas jamais devem ser cancelados ou esquecidos para sempre. Chegará o momento certo para eles. O bom líder compreende isso e faz planos de acordo com tais situações.

Jesus enfatizou esses conceitos na parábola do semeador (Marcos 4.1-9). Por não saber antecipadamente onde encontrar o melhor solo para o plantio, o semeador é obrigado a plantar (no caso do líder, isso significa "transmitir ou divulgar") as sementes em todas as direções, a fim de assegurar que algumas cairão em solo fértil e produtivo. Afinal de contas, mesmo após a execução dos exaustivos planos de marketing, bem como a definição da estratégia, ninguém sabe como o mercado reagirá. Quando todas as coisas são iguais, entretanto, quanto mais você produzir, quanto mais anunciar, mais irá vender. O semeador estava disposto a enfrentar uma "perda" de 75% a fim de colher um "lucro" de 25% o que, na realidade, produziu um dividendo cem vezes maior.

Os líderes que não conseguem lidar com a rejeição, com a derrota ou com a demora durarão pouco tempo. Os que sentem a necessidade de vencer todas as disputas, todo o tempo, a qualquer custo, têm vida efêmera e experimentam um sucesso limitado. Os líderes devem acreditar que, se plantarem boas sementes, algumas irão cair em solo fértil e produtivo. Algumas produzirão bons frutos. Mesmo que eles não vejam os bons frutos imediatamente ou nem mesmo durante o decorrer de suas vidas, Jesus nos ensina que a boa semente, com certeza, produzirá bons frutos. Não devemos nos sentir desencorajados pela falta de resposta, mas devemos confiar que Deus possibilitará a colheita em seu devido tempo e da sua própria maneira.

> Sem exceção, todo líder gostaria de **ganhar** todas as **disputas**, porém isto é impossível; ninguém é capaz de ganhar mais do que "algumas".

• 20 •

A VERDADE e o momento CERTO

> "Quando ele ficou sozinho, os Doze e os outros que estavam ao seu redor lhe fizeram perguntas acerca das parábolas."
>
> MARCOS 4.10

Para ser eficaz ao longo de toda a jornada, um líder deve falar a verdade em toda e qualquer situação. Entretanto, o líder talvez delibere reservar *algumas* verdades para aqueles que fazem parte do círculo menor de relacionamento.

O grupo menor é estabelecido em função da transmissão da verdade. No caso específico de Jesus (como mencionado antes), Ele falou para as multidões e ensinou aos discípulos, reservando, no entanto, a mais irresistível verdade a Pedro, Tiago e João.

A verdade partilhada com cada grupo é muito importante, pelo modo como é revelada, pelo seu conteúdo e pelo momento em que isso acontece. As maravilhosas parábolas que Jesus compartilhou com multidões foram, sem sombra de dúvida, meticulosamente preparadas e apresentadas com exatidão e poder, não sendo menos importantes que a mensagem compartilhada com seus discípulos, apenas diferente em grau. É irônico saber que Jesus falava por parábolas mais para ocultar a verdade do que para revelá-la, como ilustrado em Marcos 4.12: "Para que vendo, vejam, e não percebam; e

> A **verdade** compartilhada com cada grupo é muito importante, pela maneira como é **revelada**, pelo seu **conteúdo** e pelo **momento** em que isso acontece.

ouvindo, ouçam, e não entendam". As parábolas de Jesus eram como um termômetro da alma, pois revelavam algo da percepção espiritual de cada um (ou a falta dessa percepção). Dessa forma Ele ele disse: "Quem tem ouvidos para ouvir, ouça". Nem todo mundo possui "ouvidos espirituais" sintonizados na verdade de Deus, mas algumas pessoas sim. Essas histórias singulares revelam muitas coisas sobre o ouvinte, bem como sobre aqueles que as contam.

Quando começamos a formar o circuito mundial de tênis profissional, havia muitos interesses em jogo. Tivemos de elaborar para a mídia uma mensagem que seria disseminada em todo o planeta; articulamos e desenvolvemos uma outra mensagem, mais detalhada, para os *tenistas* profissionais de todo o mundo; e havia um grupo reduzido e particular com o qual *todos* os planos e sonhos para o futuro do tênis profissional foram compartilhados. Todas as mensagens que transmitimos eram verdadeiras e consistentes, porém cada grupo recebeu uma parte distinta e em momentos diferentes. No instante mais apropriado, todos os elementos interessados e envolvidos receberam todas as informações disponíveis, e todo o mundo ficou ciente de tudo o que havia para ser conhecido. O mesmo é verdadeiro na mensagem de Jesus. Ele compartilhou sua verdade de maneiras diferentes, em momentos diferentes, durante sua estada aqui na terra, mas agora todos temos igual acesso a ela por meio das Escrituras.

Um líder comete um erro crucial quando revela muito, de forma precipitada, a quem ainda não está preparado para ouvir os detalhes. Da mesma forma, um líder falha ao não formar um pequeno grupo de seguidores a quem revelará mais sobre sua visão e mensagem. Um líder sábio refletirá e orará seriamente sobre o que, quando, a quem e como revelar o que sabe.

· 21 ·

RELAÇÕES
públicas
ADEQUADAS

―――――――――――

"Quem traz uma candeia para ser colocada debaixo de uma vasilha ou de uma cama?"

MARCOS 4.21

Os evangelhos muito têm a dizer sobre publicidade e relações públicas.

O fenômeno de João Batista, por exemplo, indica a legitimidade dessas atividades, quando são empreendidas da melhor maneira, visando os melhores propósitos. Em oposição aos sinceros e verdadeiros esforços de João Batista, que não visava o autoengrandecimento ou o proveito próprio, mas unicamente o bem da missão, havia os hipócritas fariseus, que procuravam exibir uma *falsa* imagem do que faziam e do que realmente eram, a fim de obter reconhecimento e louvor imerecidos.

Jesus deseja que o mundo saiba quem somos, quem *verdadeiramente* somos. Um líder compreenderá essa lição e não medirá esforços para que isso aconteça, assegurando-se primeiro de que seus seguidores saibam quem Ele realmente é e o que pretende. Jesus questionava seus discípulos a respeito de sua identidade e de sua missão, para ter certeza de que a compreensão que possuíam a seu respeito estava se expandindo.

Igualmente, Ele desejava que o *mundo* também a verdade sobre a sua identidade e missão, e empregava os métodos de publicidade da época para conseguir seu intento, iniciando com a pregação de João Batista no deserto. Se Jesus não tivesse por objetivo disseminar e espalhar a sua mensagem e missão, ele teria permanecido em um único lugar, apenas com o intuito de ensinar os discípulos. No entanto, ao invés disso, Ele se lançou em constantes viagens, ensinando e pregando em todos os tipos de lugares e para todos os tipos de pessoas.

Anos atrás, a companhia de automóveis Mercedes Benz, por meio da mídia, divulgou comerciais que descreviam uma novíssima tecnologia para absorver o impacto do carro em uma colisão frontal ou traseira. Embora detivessem os direitos de uso dessa tecnologia revolucionária, deliberadamente eles a puseram à disposição das outras fábricas automotivas, com o interesse de promover a segurança dos usuários em todo o mundo. A frase que acompanhava o comercial continha palavras provocadoras: "Algumas coisas na vida são importantes demais para não serem compartilhadas". Da mesma forma, o líder deve assegurar-se de que suas "boas novas" não são o "segredo mais bem guardado do mundo". O líder sábio enxergará a missão no centro de seus esforços.

> "Algumas coisas na vida são **importantes** demais para não serem compartilhadas."

· 22 ·

AVALIE

"Com a medida com que medirem, vocês serão medidos; e ainda mais lhes acrescentarão."

MARCOS 4.24

Líderes eficazes avaliam seus seguidores. Devem procurar por conteúdo e impedir serem enganados pela pessoa que gasta mais tempo tentando parecer útil e necessário do que sendo útil e necessário. Quanto mais complexa for a organização, mais difícil isto se torna e mais importante é para os líderes discernir a diferença entre um desempenho sólido e consistente e uma performance forjada no marketing pessoal. Por isso, é de suma importância que se avaliem os esforços, a fim de que se dê uma maior responsabilidade a quem realmente demonstra um bom desempenho. Desse modo, reconhece-se o real valor daquela pessoa para a empresa e, concomitantemente, ela é incentivada a desempenhar ainda melhor.

Poucas coisas são mais letais para a moral e para os resultados de uma empresa do que os erros cometidos pela liderança na avaliação de seus empregados. Quando alguém executa um trabalho notável e deixa de receber responsabilidades maiores ou mais recompensadoras, é quase certo que se sentirá desestimulado. E o oposto talvez seja ainda mais catastrófico para a

> É de suma importância que se avaliem os **esforços**, a fim de que se dê uma maior **responsabilidade** a quem realmente demonstra um bom **desempenho**.

companhia: quando, por um erro de avaliação, a liderança premia a pessoa errada.

Jesus nos diz (em Marcos 4.24-25) que quem recebe responsabilidade e conhecimento deveria usá-los de forma produtiva, após o que deverão receber ainda mais. Em contrapartida, se alguém não utiliza o que tem, mesmo isso deverá lhe ser tirado. Para que o mecanismo dê certo — e igualmente para todos — é necessário que haja uma avaliação consistente, abrangente e contínua para garantir que cada membro da equipe, assim como todos os membros da empresa, alcancem o seu potencial pleno.

Por diversas vezes, Jesus ensinou que não é o que nós possuímos que realmente conta, mas o que conseguimos fazer com o que temos. Os líderes devem ajudar seus seguidores a compreender este princípio e se manter responsáveis por ele.

• 23 •

Um LÍDER é FIEL

> "Noite e dia, estando ele dormindo ou acordado, a semente germina e cresce, embora ele não saiba como."
>
> MARCOS 4.27

Deus é fiel. Ele espera que nós, em particular os seus líderes, igualmente o sejamos. Assim como há ordem e consistência no mundo que Deus criou para nós, deve haver ordem e consistência em nossa liderança. Precisamos ser fiéis a nossos liderados, expressando mensagens claras e consistentes, capazes de estabelecer alvos compreensíveis e, fielmente, recompensando aqueles que nos auxiliam a alcançar os objetivos traçados.

> Precisamos ser **fiéis** a nossos liderados mediante a expressão de **mensagens claras e consistentes**, que estabeleçam **alvos** compreensíveis e, fielmente, **recompensar** aqueles que nos auxiliam a alcançar os objetivos traçados.

Nada abala mais a eficácia de uma liderança que a falta de fidelidade. Pessoalmente, conheço a história de uma empresa cujo líder implementa mudanças nas regras do jogo o tempo todo, o que lhe traz uma reputação de baixa confiabilidade. Ele utiliza os resultados fiscais anuais e os critérios de avaliação dos funcionários em favor dos alvos de curto prazo da companhia, magoando a todos, ao longo do tempo, com a sua infidelidade. Por causa disso, a rotatividade da mão de obra é alta e a companhia tem permanecido estagnada por muitos anos, sem colher crescimento significativo.

Jesus ensina que não podemos "vencer o sistema". É possível que não compreendamos como os planos de Deus funcionam, porém sabemos que Ele é e sempre será fiel. Podemos ter a certeza de que, se liderarmos de forma fiel e confiável, Ele abençoará nossos esforços de liderança. É provável que não sejamos "vitoriosos" da forma como o mundo mede o sucesso, mas, quando semearmos a boa semente, teremos uma boa colheita. Os líderes são chamados mais à fidelidade que ao sucesso.

PEQUENAS coisas, porém IMPORTANTES

"É como um grão de mostarda, que é a menor semente que se planta na terra."

MARCOS 4.31

A parábola de Jesus sobre o grão de mostarda bem poderia ser aclamada como a parábola dos líderes. Pequenas coisas podem significar mais do que imaginamos.

Todas as atitudes do líder são ampliadas, em importância e em significado, na mente dos liderados. Cada gesto, palavra, entonação diferente de voz, cada sorriso ou sinal de reprovação assumem uma importância ainda maior quando provêm do líder. O dia de um membro da equipe pode ser arruinado se ele for ignorado por seu líder. De modo inverso, um pequeniníssimo, porém positivo, comentário do líder pode se revelar um grande motivador.

> Um pequeníssimo porém **positivo comentário** do líder pode se revelar um grande motivador.

Essa consciência se relaciona com aquilo que Tom Peters chamou "administração peripatética".* Os líderes precisam se dar conta do impacto que exercem sobre quem lideram. Os líderes bem-sucedidos, de grandes treinadores de futebol a grandes generais, compreendem essa

---

*[NT] Refere-se ao termo, em inglês, utilizado por Tom Peters, "management by walking around", conhecido pela sigla MBWA, cuja tradução literal é "administrar caminhando ao lado". Peripatético faz alusão à filosofia aristotélica de "ensinar passeando".

máxima e trabalham para que seus "pequenos" contatos realmente produzam efeitos benéficos às suas causas.

O general Eisenhower passou as últimas horas, antes do chamado dia D (a conhecida invasão da Normandia, na Segunda Guerra Mundial), não rodeado pelas altas patentes, mas com os humildes soldados, marinheiros e pilotos de aviação que, na realidade, seriam os responsáveis por aquela crucial invasão da Europa. Ele sabia que, muito embora não fosse capaz de visitar a todos os combatentes, as palavras expressas naquelas suas poucas visitas logo se espalhariam como rastilho de pólvora entre aqueles homens, dando-lhes coragem para enfrentar os violentos ataques dos nazistas. Não fique tão preocupado com teorias sobre liderança a ponto de falhar nesta ação tão importante: semear o "grão de mostarda" que irá crescer e desenvolver-se em um grande e valioso relacionamento entre você e seus liderados. Seja sensível. Esteja alerta às pequenas grandes coisas.

Na parábola do grão de mostarda (Marcos 4.30-32), outro ensinamento propiciado por Jesus aos líderes é que as coisas grandiosas podem resultar de pequenos e modestos princípios. Basta apenas considerarmos ideias como a fita adesiva ou o bloquinho de notas adesivas, que, no devido tempo, transformaram-se em negócios de milhões de dólares para o fabricante, 3M, porque seus líderes reconheceram o potencial em modestos resultados iniciais. Grandes ideias, assim como grandes pessoas, têm emergido de pequenos começos. Pessoas aparentemente inexpressivas, a princípio, podem impactar o mundo com o lampejo de uma brilhante inovação.

A Bíblia celebra as pequenas coisas. Foi o pequeno Davi, e não o gigante Golias. Foi o pequeno grupo de trezentos homens de Gideão, e não os milhares de inimigos. Foi a pequena contribuição da viúva, e não a generosa oferta do fariseu. Foi o copo de água oferecido em seu nome, e não um grandioso feito. Algumas vezes, é melhor "pensar pequeno".

Mais importante ainda, a parábola do grão de mostarda versa sobre a fé. A fé mais significativa que qualquer um de nós pode ter é a fé em nosso Senhor, o qual prometeu que mesmo a mais diminuta pode fazer coisas extraordinárias acontecerem. A fé é componente importante de uma liderança bem-sucedida. Por definição, os seguidores precisam ter fé em seu líder; se eles não a têm, não são verdadeiros seguidores, nem há um líder de verdade. Quando um seguidor coloca a fé em seu líder, isso deveria ser visto pelo líder como uma confiança sagrada. Entretanto, mesmo o mais sábio líder nem sempre tomará as melhores decisões nem elaborará os melhores e mais infalíveis planos.

Ao tomar uma decisão errada ou executar um plano fracassado, o líder não destruirá a fé de seus seguidores se estiver patente que as intenções eram legítimas e que o líder estava fazendo tudo ao seu alcance, visando obter o melhor para o empreendimento. Os seguidores não exigem perfeição, mas sim honestidade. Um líder honesto consegue manter acesa e firme a chama da fé de seus seguidores.

Um líder sábio edificará a fé em seus liderados ao permitir crescentes níveis de responsabilidades e conhecimentos à medida que seus comandados apresentam crescentes níveis de capacidade e compreensão. O princípio do grão de mostarda funciona nesse sentido. Uma pequena fé em seu liderado demonstrada por um líder pode crescer e tornar-se um relacionamento grande e produtivo.

• 25 •

A liderança
ACALMA a
TORMENTA

> "Então perguntou aos seus discípulos: 'Por que vocês estão com tanto medo? Ainda não têm fé?'"
>
> MARCOS 4.40

Um líder *deve* permanecer tranquilo em meio à tempestade. Com certeza, dias turbulentos sobrevirão. Quando chegarem, é imperativo que o líder mantenha a calma e o autocontrole para que exerça uma influência tranquilizadora e positiva. A segurança é fácil quando todos trocam tapinhas nas costas entre si, porém a tormenta é um verdadeiro e decisivo teste para o vigor da liderança. Esteja preparado para as tribulações; esteja preparado para acalmar aqueles que estão ao seu redor, em meio à tempestade.

Manter a calma quando se está no olho do furacão não significa ser omisso, distante ou irrealista. Ao contrário, significa agir, deliberada e positivamente, para controlar a situação, instilando fé e subjugando o pânico injustificado. Reafirme a sua missão, a fim de que seus seguidores saibam que o que você está tentando realizar tanto é louvável como exequível. Nesses momentos, muitas vezes é de grande auxílio relembrar feitos do passado. "Lembram-se de quando a crise estava à nossa porta e de como nós conseguimos superar?" Esse é o tipo de lembrança que pode reerguer o moral da tropa. O pânico visível e palpável é o sinal revelador de que o papel da liderança foi dado à pessoa errada.

Trabalhar com transmissões ao vivo dos principais eventos esportivos é como estar no olho de um furacão. Quedas na qualidade da transmissão ou até panes gerais são acontecimentos bastante comuns. O diretor é o líder e, durante a transmissão de grandes eventos, tem sob seu comando centenas de pessoas, permanecendo conectado com cada uma dessas pessoas por meio de uma linha de áudio. Se as câmeras falham, se o satélite interrompe a transmissão ou se uma linha de energia principal é danificada, o diretor tem de manter o controle da situação por meio de suas palavras e de sua postura. Quando há falhas ao vivo, com milhões de espectadores em todo o mundo e milhões de dólares em jogo, um líder capaz de manter a calma e o equilíbrio é um bônus e tanto.

Uma vez, eu estava sentado em um de nossos grandes caminhões de produção, durante o campeonato americano de tênis (U.S. Open), quando as coisas começaram a dar errado. Vi o diretor, literalmente banhado em suor, manter o tom de voz tão tranquilo e confiante como se estivesse na casa da avó: "Rapazes, a câmera três parou de funcionar. Iremos cobrir com a câmera superior até que tudo esteja normalizado. Deem-me alguns closes com aquela câmera". Ou ainda: "A rede não está recebendo a nossa imagem. Vamos manter a fita rodando e, quando tudo estiver normalizado, daremos os destaques". Sem maiores problemas. Como um dia qualquer no escritório, todo mundo permanece calmo e o trabalho é executado.

Infelizmente, também já vi o outro lado da moeda. Durante um importante evento no Madison Square Garden, em Nova York, vi nosso diretor se descontrolar, tirar seu fone de ouvidos e iniciar uma discussão, seguida de troca de empurrões, com um dos membros da equipe. Pelo que me consta, nunca mais ele dirigiu qualquer outra transmissão ao vivo.

Mesmo os líderes mais experientes podem vacilar sob extrema pressão. Muitos dos discípulos que foram apanhados na tempestade com Jesus (Marcos 4.35-41) eram pescadores tarimbados e, por certo, já haviam enfrentado muitas situações de mar bravio antes, mas, ainda assim, eles estavam em mais absoluto pânico.

Assim como Jesus acalmou tanto a tempestade física e natural como as tormentas que se desencadeavam nos corações de seus discípulos, ainda hoje a liderança requer o mesmo tipo de esforço. É evidente que jamais poderemos controlar as forças da natureza como Jesus controlou, tampouco poderemos falar palavras de conforto e segurança com o mesmo tipo de autoridade. Entretanto, precisamos imitar seus métodos o máximo que pudermos, de modo a estarmos prontos quando a tormenta nos alcançar, mesmo as mais inesperadas.

Precisamos aprender a controlar nossos temores e reprimir qualquer impulso de pânico. É necessário expressar palavras de confiança em um tom de voz tranquilizador, atacando o problema de uma forma deliberada, medida e eficaz. Necessitamos aprender a liderar até em circunstâncias extremamente adversas e não ser vencido por elas.

> Necessitamos aprender a liderar até em **circunstâncias** extremamente **adversas** e não ser vencido por elas.

Nada irá elevar mais um líder no conceito de seus comandados que a sua positiva e eficaz atuação em contextos adversos. A liderança calma e segura em meio à tempestade fará mais para firmar a posição de um líder do que qualquer outra situação. Um líder bem preparado e sábio talvez até *anseie* pela chegada de um momento de crise, a fim de demonstrar suas habilidades de liderança.

Certamente, não foi por mero acaso que Jesus se encontrava no barco com seus discípulos quando a tempestade surgiu. Não estamos afirmando ou defendendo que devemos criar uma crise com o propósito de resolvê-la, mas sentimos que a tribulação deve ser encarada pelo líder como uma oportunidade de exercitar sua liderança. Como está escrito em Tiago 1.2: "Tende por motivo de toda alegria o passardes por várias provações". Da mesma maneira que os discípulos assombrados começaram a questionar sobre a identidade de Jesus, após ele de forma miraculosa acalmar os ventos e as enormes ondas, os seus liderados falarão sobre você com enorme respeito e admiração quando você guiá-los a bom termo durante uma tempestade ou um momento de crise.

• 26 •

PUBLICIDADE

> "Então, aquele homem se foi e começou a anunciar em Decápolis o quanto Jesus tinha feito por ele."
>
> Marcos 5.20

Em minha carreira na administração do esporte profissional, logo aprendi a diferença entre propaganda e publicidade, bem como seus valores relativos.

No sentido mais básico, propaganda é o que você diz a respeito de si mesmo e publicidade é o que os outros dizem a seu respeito. A propaganda, portanto, é quase sempre menosprezada por quem a recebe. Intuitivamente, as pessoas sabem que o objetivo da propaganda é retratar a melhor imagem do produto ou serviço, engrandecendo-o além da conta.

Por outro lado, a publicidade, dependendo — até um certo grau — da reputação e credibilidade do órgão divulgador, pode provocar repercussão bem maior. Uma matéria favorável de um respeitado colunista do *New York Times* terá mais impacto do que se for veiculada em um jornal inexpressivo por um articulista de integridade questionável. Por ser mais fiel, a publicidade é mais valiosa do que a propaganda.

O tipo de publicidade mais poderoso que existe é o relato feito na primeira pessoa. Quem alardeia "isso aconteceu comigo, eu estava lá" é um agente de publicidade poderosíssimo. Jesus usou esse princípio da publicidade quando, após expulsar todos os demônios que subjugavam um pobre homem (Marcos 5.1-20), não permitiu que o homem o seguisse, instruindo-o para que voltasse para sua casa e contasse aos seus familiares tudo o que o Senhor Jesus havia feito por ele. Então, aquele homem não somente contou aos seus familiares, mas também percorreu as dez cidades da região, anunciando Jesus e tornando público o poderoso milagre que havia sido operado em sua vida. Assim, aquele homem foi um dos maiores agentes de publicidade de todos os tempos.

Ao deixar aquele homem para trás, Jesus obteve um ganho extraordinário. Uma aparente "retirada" se transformou num grande "avanço" para o reino de Deus. Como exemplo vivo do "antes e depois" do poder de Jesus, o ex-endemoninhado foi muito mais valioso e útil ao permanecer em sua região do que seria se tivesse acompanhado Jesus e os discípulos. As pessoas que o conheciam como um homem totalmente fora de si, que vivia nu entre os sepulcros, agora podiam vê-lo vestido e em pleno controle de sua mente e atos. E aquele homem dava todos os créditos a Jesus. Testemunho poderoso e sem igual. Publicidade igualmente poderosa e ímpar. Quanto à liderança, idem.

> **Propaganda** é o que você diz a respeito de si mesmo e **publicidade** é o que os outros dizem a seu respeito.

É fundamental que os líderes compreendam a importância do posicionamento estratégico dos membros de sua equipe. Jesus sabia que o recém-liberto seria uma força benéfica muito mais poderosa em sua própria região do que em cidades onde a sua triste fama não havia chegado. Alguns líderes mantêm por perto todos os membros-chave de sua equipe, uma prática que impede a disseminação da Palavra e o crescimento do empreendimento.

Siga o exemplo deixado por Jesus; coloque-os em posições estratégicas.

· 27 ·

AÇÃO
DECISIVA

"Jesus foi com ele."

Marcos 5.24

Um líder qualificado age com firmeza — de modo decisivo, e não impulsivo — quando a ocasião assim o exige.

Nesta situação específica, envolvendo o pai que tinha vindo buscar socorro para sua filha à beira da morte (Marcos 5.21-24), Jesus teve todos os dados necessários para agir com inteligência e presteza. Não precisou convocar uma reunião extraordinária do comitê ou colocar o assunto para ser votado pelos discípulos exclamando "Todos aqueles a favor de socorrer a filha de Jairo, por favor, levantem sua mão direita". Nada semelhante. Tampouco disse a Jairo: "Mais tarde eu volto" nem "Preciso de mais informações". Ele respondeu na hora. Foi à frente. Agiu. Liderou.

> Um líder qualificado age com **firmeza** quando a ocasião assim o exige — de modo decisivo, e **não impulsivo**.

Como líder da sinagoga, Jairo gozava de e provavelmente era alguém que Jesus já conhecia. Aquele homem abordou Jesus da maneira correta, com grande respeito e fé. "Então, Jesus foi com ele." Uma liderança capaz é responsiva, agindo de acordo com a qualidade de informação.

A liderança qualificada também é corajosa. Quando as notícias chegaram até Jesus, revelando que a filha de Jairo havia piorado e falecido, teria sido muito fácil desculpar-se dizendo: "Não pude fazer nada. Você pediu o meu auxílio tarde demais". Ele, entretanto, não agiu assim. Quando tudo parecia irremediavelmente perdido, Jesus continuou a responder, a agir e a ajudar. Isso é liderança corajosa e prudente. Jesus sabia como estava a situação e sabia que tinha poder para revertê-la.

Nenhum outro líder tem todo esse poder. De fato, nenhum outro líder possui uma ínfima porção desse poder. Os bons líderes, no entanto, compreendem a importância e o valor das atitudes simbólicas. Jesus praticou esse princípio a fim de maximizar os benefícios do ensino para os discípulos. Ao acompanhar Jairo, Jesus mostrou aos discípulos que até mesmo o Filho de Deus — *especialmente* o Filho de Deus — dispunha de tempo e disposição para quem sofre; uma lição que eles guardariam em suas memórias por muitos anos.

Nenhum de nós poderia ter a sabedoria, a visão ou o poder de Jesus. Ele pode, contudo, ser um modelo de liderança para nós — no exemplo em questão, de uma liderança receptiva, convincente, decisiva e corajosa —, atuando com a qualidade de informação e movendo-se à frente, para enfrentar o que parecia ser um iminente desastre.

• 28 •

VISÃO PRÁTICA

"Ele deu ordens expressas para que não dissessem nada a ninguém e mandou que dessem a ela alguma coisa para comer."

Marcos 5.43

A expressão "líder visionário" tanto pode ser entendida como uma descrição elogiosa como pode colocar alguém na categoria de "sonhador" — uma pessoa capaz de enxergar o quadro mais abrangente, porém desatenta aos pequenos e importantes detalhes e suas nuances.

Um líder necessita compreender e seguir um plano estratégico, mas tais planos, por mais mirabolantes que sejam, estarão sempre à mercê de táticas e execução. Por exemplo, se o seu despertador não funcionar de manhã ou você não conseguir ligar o motor do carro, a sua maravilhosa apresentação para a futura diretoria da empresa pode ir por água abaixo. O líder ideal combina a visão com o tipo de bom senso que transforma sua visão em realidade.

Obviamente, Jesus foi esse tipo de líder. Quando ordenou que dessem de comer à menina curada e ressurrecta, ele demonstrou liderança. Um líder menos capaz, após operar tão miraculosa cura, poderia ter tomado outra atitude, como iniciar um discurso, posar para fotos ou agradecer os aplausos e elogios das testemunhas. Jesus, porém, disse: "Deem-lhe algo para comer". Felizmente, Pedro, Tiago e João estavam presentes para aprender mais essa lição que, por certo, nunca mais esqueceram. Após o dia de Pentecostes, Pedro (na época o líder do grupo) estava preocupado em satisfazer as necessidades mais práticas e terrenas da igreja primitiva, enquanto a oração, o culto e o ensino levavam o grupo a progredir espiritualmente. Os melhores líderes são visionários e práticos.

Neste mundo caído, os mais sábios e bem-sucedidos líderes analisam seus pontos fortes e fracos, agindo de acordo. Se você é um grande pensador, dotado da habilidade de visualizar, procure cercar-se de pessoas abençoadas com o talento da praticidade. Se o seu estilo de liderança inclinar-se mais para as coisas práticas, certifique-se de arregimentar para a sua equipe alguém "cerebral", de grande capacidade de raciocínio, para executar alguns dos planejamentos e sonhos de longo alcance. Não é necessário que você possua todas essas qualidades, mas somente que tenha acesso a elas.

A chave é a realização de uma autoanálise clara e sincera, com a ajuda de oração, que seja coerente com a realidade. Não tente convencer-se de que é uma pessoa extremamente prática, quando a realidade indica o contrário. Se você falhar em dizer o equivalente a "deem-lhe algo para comer" quando a situação assim o exigir, certifique-se de ter alguém ao seu lado que seja capaz de sussurrar-lhe essa frase ao ouvido. Se o seu estilo é manter-se concentrado na tarefa a ser executada no presente, assegure-se de ter por perto alguém que pense, de forma clara e consciente, no amanhã. Essa é a maneira através da qual a equipe deve ser constituída; para complementar os pontos fortes e as características positivas do líder e compensar as deficiências e os pontos fracos.

Na Liga Nacional de Futebol Americano, o treinador-chefe monta sua equipe para a próxima temporada da seguinte maneira.

> O líder ideal combina a **visão** com o tipo de **bom senso** que transforma sua visão em **realidade**.

Se ele tem predileção pela defesa e tende a pensar mais em estratégias e táticas defensivas, preferirá treinadores assistentes cuja ênfase seja oposta, escolhendo para seu assistente principal um especialista em táticas ofensivas. Em algumas comissões técnicas, se o treinador-chefe está mais para um estrategista teórico, seu primeiro assistente deve ser um organizador, uma pessoa mais orientada e voltada aos detalhes práticos.

Não se sinta desencorajado pela perfeição de Jesus. Trabalhe duro para imitá-lo. Não tenha receio de procurar auxílio nas áreas não contempladas por seus talentos naturais, para que, em paralelo, você trabalhe visando melhorar seus pontos fracos.

· 29 ·

o MELHOR
e o PIOR

"*E ficavam escandalizados por causa dele.*"

MARCOS 6.3

A liderança expõe o melhor e o pior das pessoas. Os líderes sábios compreendem este princípio, aceitando-o como uma consequência natural da liderança. Por isso, tentam enfatizar o melhor e minimizar o pior.

Reconheça que os seus motivos sempre serão questionados por alguns. Mesmo ao dar o melhor de si realizando um bom trabalho, trazendo benefícios para a maioria das pessoas, alguns se "escandalizarão" por sua causa. Infelizmente, os ofendidos serão em geral aqueles que lhe são mais próximos (Marcos 6.1-3). Da mesma maneira que as pessoas de Nazaré se recusaram a ver Jesus como alguém mais importante que um simples carpinteiro, apesar de toda a sabedoria de seus ensinos e das curas miraculosas que operou, alguns jamais reconhecerão qualquer talento ou liderança em você. Aqui está um exemplo clássico: um dos amigos de infância de Mark Twain, movido pelo ciúme em função da fama do escritor, afirmou: "Sei tantas histórias quanto Mark Twain. Tudo o que ele fez foi registrá-las no papel".

Quando eu era o jovem treinador de um time de basquete universitário, minha equipe se saiu muito bem e fui considerado o "Treinador do Ano" em meu estado. Um de meus mais antigos amigos celebrou essa grande conquista pessoal comigo, enquanto outro se limitou a comentar: "Ser o treinador de basquete do ano, em Michigan, não é grande coisa. Michigan não desfruta de grande tradição no cenário do basquete universitário nacional". Alguns celebram as suas vitórias e conquistas; outros não. Essa é a realidade nua e crua da liderança.

Reconheça também que você sempre será mais produtivo e reconhecido *longe* de casa. O velho e conhecido ditado "santo de casa não faz milagre" costuma se provar verdadeiro. Estar perto de casa nos traz conforto e recompensas, mas também limitações e resistências.

Jesus realizou menos na cidade de Nazaré do que em qualquer outro lugar, pois obteve uma reação desfavorável por parte da população daquela cidade. Ele limitou a sua atuação, e o Evangelho de Marcos revela: "E não pôde fazer ali nenhum milagre, exceto impor as mãos sobre alguns doentes e curá-los" (Marcos 6.5), o que por si só não deixa de ser surpreendente, mas é uma gota no oceano em comparação ao que poderia ter feito.

> Os líderes **sábios** [...] tentam **enfatizar o melhor** e **minimizar o pior**.

Tenho visto muito desperdício de talento para liderança devido à resistência em deixar o conforto do lar e a companhia da família, dos amigos. Embora seja muito bom manter laços intensos e fortes com as raízes, seguir o exemplo de Jesus, retornando de tempos em tempos para visitar os seus, maximizaria o potencial de liderança em outras regiões. Aqueles que insistem em permanecer em "casa" costumam falhar em explorar todo o potencial de sua liderança.

Pedro, Tiago e João não se tornaram líderes capazes permanecendo em Cafarnaum, no mar da Galileia, mas viajando para Jerusalém. "Vinde após mim" quase sempre significa sair do lugar de origem para explorar o máximo da liderança, embora não haja nada de errado em retornar ao lar se for lá o lugar onde o Senhor quer que você esteja. Para a maioria de nós, entretanto, deixar nosso lar faz parte do plano de Deus para a nossa atuação como líderes.

· 30 ·

EQUIPES de LIDERANÇA

"Chamando os Doze para junto de si, enviou-lhes de dois em dois..."

MARCOS 6.7

Neste livro, mencionei meu amigo Donald Dell. Logo no início de nossa parceria, percebemos que crescíamos em força e eficácia ao atuarmos juntos. Com isso em mente, cuidamos para que os assuntos mais prementes, como apresentações e negociações importantes, sempre fossem levadas em conjunto. Para nós, dois era o número certo.

Por vezes, entretanto, decidíamos chamar um terceiro ou até um quarto colega — o que quase sempre acabava se revelando um erro de cálculo. Donald e eu trabalhávamos tão bem juntos que, para nós, a soma dois mais um sempre resultava em *menos* do que dois (pelo menos em nosso caso). Juntos, conseguimos desenvolver algo como um ritmo natural; nas idas e vindas de intensas negociações, nós quase nunca invadíamos a área um do outro, o que nos permitiu desfrutar de muitos sucessos.

Obviamente, houve períodos em que as circunstâncias nos impediram de trabalhar juntos. Fui o primeiro executivo americano do mundo dos esportes a receber permissão para entrar na República Popular da China, após o fim da terrível "Revolução Cultural". Porém, a condição imposta para a minha entrada foi a de que eu deveria estar desacompanhado — nada de assistentes, nem mesmo meu parceiro poderia me acompanhar. Ainda me lembro perfeitamente do quanto me vi inseguro durante todo o tempo em que permaneci lá. Sozinho, não me sentia tão eficaz.

O mais rápido possível, agendei outra visita à China — desta vez *com* meu parceiro. Juntos éramos capazes de negociar acordos decisivos, entre os quais a transmissão dos jogos da NBA para todo o país. Ao longo de muitos anos, temos ido "dois a dois" de Toledo a Tashkent, de Dayton a Dubai — aonde quer que nossos negócios nos levem.

Jesus estabeleceu o *modus operandi* do "dois a dois" com seus discípulos e, como era de se esperar, o método funcionou maravilhosamente. A Bíblia registra que o sucesso da operação "dois a dois" trouxe alegria a Jesus, que agradeceu ao Pai pela eficácia de seus homens. A eficiência desse estilo de liderança conjunta seria mais tarde demonstrada na edificação da igreja primitiva, durante a qual pares de dedicados trabalhadores disseminaram a palavra do evangelho e construíram a maior organização de todos os tempos.

> Jesus estabeleceu o ***modus operandi*** do **"dois a dois"** com seus discípulos e, como era de se esperar, o método funcionou maravilhosamente.

A lição sobre liderança é óbvia: em quase todas as empreitadas, o sistema "dois a dois" é o método a ser utilizado, sobretudo quando se envia jovens a territórios novos pela primeira vez; eles aprenderão e realizarão muito mais em parceria do que sozinhos.

• 31 •

ENFRENTANDO
a PERDA

"Enviou, pois, imediatamente um carrasco com ordens para trazer a cabeça de João."

MARCOS 6.27

Reflita e procure imaginar que sentimentos oprimiram o coração de Jesus quando João Batista foi aprisionado e, então, executado de forma tão horrível.

Jesus tinha ciência de que todos os infortúnios vivenciados por João Batista — até mesmo a sua terrível morte — estavam diretamente relacionados com sua própria missão. Jesus louvou João como a nenhum outro ser humano, expondo a ligação muito especial que havia entre eles. Imagine o quanto essa união deve ter sido intensificada e fortalecida quando João batizou Jesus, testemunhando a bênção que Jesus recebeu de Deus, o Pai.

Sabemos, a partir do testemunho de Mateus, que os próprios discípulos de João removeram o corpo dele e o ssepultaram. Depois, foram anunciar a morte dele a Jesus. A triste notícia fez

> Jesus teve muito **pouco tempo** e quase nenhuma chance para **chorar** a **morte** de João Batista [...] a **missão prosseguiu**.

com que Jesus se retirasse "de barco, em particular, para um lugar deserto" (Mateus 14.13). Ele, porém, teve pouco tempo e quase nenhuma chance para chorar a morte de João Batista; multidões de pessoas vieram até Ele e seguiram o barco por terra, fazendo com que Jesus, mesmo em luto, tivesse compaixão delas e começasse a ensiná-las. Um discípulo — o maior de todos eles — havia

ENFRENTANDO A PERDA

caído em combate, mas a missão prosseguiu. O líder teve pouco tempo para prantear e lamentar a morte de seu seguidor, o que não indicou, de forma alguma, insensibilidade da parte de Jesus. Com certeza seu coração estava dilacerado pela perda, mas sua compaixão pelos vivos e pela importância de sua missão o impulsionou adiante.

Ao analisarmos nossa capacidade e disposição para liderar, esse triste episódio na vida de Jesus nos fornece outro bom teste. Dependendo da importância do empreendimento, estará disposto a continuar exercendo a liderança, a prosseguir e a concentrar sua atenção no futuro da missão, mesmo enfrentando a perda de um seguidor devotado?

• 32 •

DESAFIE
o TEMPO

"*Os apóstolos reuniram-se a Jesus e lhe relataram tudo o que tinham feito e ensinado.*"

MARCOS 6.30

Muitos se esquecem de que o proprietário original do Miami Dolphins foi o ator Danny Thomas. Muitos de nós, unidos no esforço de construir o empreendimento, fomos atraídos pela possibilidade de trabalhar com Danny. O Atlanta Falcons surgiu no mesmo ano, mas o Dolphins pareceu muito mais atrativo para mim devido à presença dessa figura extraordinária.

Danny vivia em Hollywood e só ia a Miami de vez em quando. Quando o fazia, era um momento de excitação e alegria para aqueles que participavam do grupo executivo principal do Dolphins. Sentíamo-nos ansiosos por relatar-lhe tudo o que estávamos fazendo para formar o time e levar aquele empreendimento adiante. Algumas vezes, entretanto, ele estava tão atarefado que não conseguia nos ver durante sua breve visita. Ainda me recordo do quanto ficava desapontado quando não conseguia conversar com ele. Danny era meu líder e eu desejava estar com ele, relatar-lhe minhas atividades e meus planos.

Ao liderar, a ideia de que seus comandados reportem relatórios a você pode parecer muito positiva e funcional: você poderá lê-los com cuidado e atenção quando tiver tempo para tal; terá em mãos um relato das atividades de seus funcionários e poderá acrescentar notas e comentários apropriados — tudo muito organizado e prático. Esse hábito, contudo, traz grandes perdas: um líder sábio não restringe sua atuação e seu relacionamento com os comandados apenas a anotações e memorandos; ele assegura um tempo para "liderar caminhando ao lado" (utilizando uma frase de Tom Peters). O líder vê e, ao mesmo tempo, é visto por aqueles que realizam o trabalho. Isso é extremamente importante, pois os membros da equipe podem receber individualmente um período de atenção e ter fácil acesso ao líder sempre que for necessário.

Quando os discípulos retornaram bem-sucedidos das missões para a qual Jesus Cristo os enviara, tendo praticado muitas das lições dele recebidas, você é capaz de imaginar quão ansiosos e entusiasmados estavam eles para relatar ao líder tudo quanto haviam realizado? Com certeza, esse foi um tempo jubiloso e revigorante.

> Um líder **sábio** [...] assegura um **tempo** para "liderar **caminhando ao lado**".

Ao liderar, não desperdice oportunidades valiosas pedindo relatórios de atividades. Mire-se no exemplo de Jesus: reúna as pessoas ao seu redor e permita-lhes contar a você "tudo quanto têm realizado e ensinado".

• 33 •

O DESCANSO do LÍDER

> "Jesus lhes disse: 'Venham comigo para um lugar deserto e descansem um pouco.'"
>
> MARCOS 6.31

Em Marcos 6.31, Jesus indica todas as direções necessárias para um retiro de liderança produtivo — trabalho, igreja ou família.

Durante mais de quarenta anos atuando no ramo dos negócios, tenho vivenciado vários tipos de retiros, sendo que os mais produtivos seguiam essas simples diretrizes expostas por Jesus. Atestei que, quando nos desviamos delas, nossos retiros corporativos foram menos produtivos do que poderiam ser.

Das tentações a que achamos muito difícil resistir, uma delas é a de planejar um descanso que permita tempo para "trabalhar um pouco". Isso soa como uma grande contradição — um período de descanso onde se trabalha —, porém sempre há alguma tarefa agendada para nossos retiros da empresa e também para os retiros do corpo docente de uma faculdade cristã. Isso é um grande erro. Jesus disse "Venham comigo... e descansem um pouco", esse deveria ser o propósito primário de um retiro.

No passado, costumávamos programar viagens a grandes cidades ou parques temáticos como uma maneira de recompensar nossos funcionários. Um erro monumental. Algumas vezes é produtivo recompensar os funcionários e seus familiares individualmente com uma viagem, porém um retiro para descanso deveria ser como o proposto por Jesus aos seus discípulos — num "lugar deserto".

Outro erro muito comum é levar palestrantes para um retiro que envolva os funcionários de uma organização. Certamente, há espaço e tempo para consultores, peritos externos e palestrantes inspiradores; mas cada empresa deveria incluir pelo menos um retiro anual em que o convite informasse "é proibido trazer trabalho na bagagem". Um líder com isso em mente sempre programará um período com os comandados que exclua pessoas externas e alheias ao grupo. Tais momentos são de grande importância e significado, por isso não devem, de forma alguma, ser desconsiderados ou relegados a um segundo plano.

• 34 •

MOMENTOS não PLANEJADOS

> "Quando Jesus saiu do barco e viu uma grande multidão, teve compaixão deles."
>
> MARCOS 6.34

L íderes sábios sempre terão à mão um plano para um uso mais proveitoso e produtivo do tempo. Porém, mais sábio ainda é o líder que nunca se apega excessivamente a tais rotinas.

Momentos inesperados e, portanto, não planejados ocorrerão de vez em quando e não devem ser desperdiçados, mesmo que para isso seja necessário prejudicar ou alterar uma agenda preestabelecida. Um dos fatores de extrema tensão para o líder é ter de encontrar um ponto de equilíbrio adequado entre seguir uma programação bem planejada e, ao mesmo tempo, ser flexível o suficiente para não deixar escapar as oportunidades que surgirem. Realmente, isso não é tarefa fácil, e eu tenho visto os dois extremos.

Alguns líderes parecem saltar de um evento inesperado a outro, não dando a menor importância a suas agendas. Conheço o caso de um presidente executivo cuja empresa foi severamente prejudicada por sua completa incapacidade de cumprir as agendas. O resultado disso foi o rompimento de relacionamentos comerciais e pessoais e a conseqüente perda de muitas oportunidades de negócios. No outro extremo, tenho visto líderes que raramente fogem de uma programação predeterminada, o que também ocasiona a perda de muitas oportunidades. Tanto um extremo como o outro são exemplos clássicos de liderança ineficaz.

Como podemos encontrar o ponto de equilíbrio? Jesus tinha um plano que procurava cumprir de forma inexorável.

Ai cumpri-lo, no entanto, utilizava aquelas ocasiões e circunstâncias inesperadas em prol do sucesso de seu plano original. Ao seguir um planejamento até que tais oportunidades especiais ocorram, você manterá uma agenda que trabalhará para você e para a sua organização.

Como vimos na passagem do início deste capítulo, a compaixão era o que motivava Jesus a desviar-se de seu roteiro original. Ele interrompeu o que estava fazendo porque reconheceu que as pessoas "eram como ovelhas sem pastor. Então começou a ensinar-lhes muitas coisas" (Marcos 6.34).

O sentimento de compaixão talvez não pareça ser de grande utilidade para os líderes de hoje, principalmente se considerarmos as situações intensas que envolvem negócios. No entanto, considere isto: é muito raro que uma genuína preocupação com o bem-estar alheio nos faça perder tempo e produtividade. A compaixão exercida com sabedoria, do tipo que movia Jesus, não enfraquece o líder a ponto de prejudicar a missão ou as pessoas. Pelo contrário, trata-se de um sentimento lúcido, que nos capacita a lutar pelo melhor e para a maioria.

> Jesus tinha um **plano** que procurava **cumprir** de forma inexorável.

Às vezes, isso só será obtido mediante o estrito cumprimento de um planejamento. Em outros momentos, no entanto, entrarão em cena a flexibilidade e a sensibilidade motivadas pela compaixão. Isso será de grande auxílio para alcançar o objetivo final.

Ao refletir sobre seu planejamento, lembre-se de como Jesus abordou o dele.

• 35 •

A OUSADIA EDIFICA a liderança

"*Ele, porém, respondeu: 'Deem-lhes vocês algo para comer'.*"

Marcos 6.37

A ousadia edifica a liderança, mas a imprudência a destrói. Portanto, discernir adequadamente entre as duas é fundamental.

Minha vida e carreira têm sido abençoadas pela associação com líderes ousados e intrépidos. Entre eles, Dave F. Dixon destaca-se, talvez, como o mais ousado de todos. Ainda me lembro de quando afirmou: "Bob, nós vamos construir o maior estádio do mundo bem no centro de Nova Orleans".

"Claro, Dave", respondi de forma automática, mas comecei a pensar nas dificuldades da empreitada. Louisiana é um lugar improvável para o maior estádio do mundo. Nova Orleans está entre os menores mercados televisivos. E, para complicar ainda mais, eu sabia que os eleitores do norte do estado raramente apoiavam projetos naquela cidade. Toda a ideia me parecia surrealista e pouco atraente. Nenhum desses argumentos foi suficiente para dissuadir Dave de seguir com sua visão. Hoje, o Superdome de Nova Orleans é uma realidade, um verdadeiro monumento à sua ousadia e visão, servindo a toda a população de Louisiana.

Ao ordenar aos seus discípulos que dessem de comer à multidão de cerca de cinco mil homens, sem contar mulheres e crianças (Marcos 6.35-37), Jesus praticou uma de suas ações mais ousadas como líder, mas sua atitude esteve longe de ser uma imprudência. Ele sabia que podia realizar aquele feito, embora os discípulos, sem visão, só conseguissem enxergar a grande multidão, esquecendo-se dos milagres e das demonstrações de grande poder realizados por seu Mestre, bem maiores do que alimentar alguns milhares de pessoas famintas — o que é mais difícil: alimentar os famintos ou ressuscitar os mortos?

Ao dizer "Dai-lhes vós mesmos de comer", Jesus fez três coisas que todo líder deveria fazer em algum ponto de sua carreira:

1. Comunicou uma visão que somente ele enxergava.
2. Delegou plena autoridade aos seus discípulos para que cumprissem a tarefa que tinham em mãos.
3. Permitiu que seus discípulos partilhassem plenamente do cumprimento daquela visão.

Quando Dave Dixon me assegurou de que iríamos construir um grande estádio bem no centro de Nova Orleans, também foi ousado, e não imprudente. Muito embora não possuísse uma visão tão perfeita quanto a de Jesus, Dave intimamente "sabia" que aquela sua afirmação iria tornar-se realidade. Esse tipo de "conhecimento" é o que denominamos liderança — liderança ousada.

> As pessoas estão **sedentas** por uma liderança intrépida.

No lar, nas nossas igrejas, nos negócios e na área da educação, as pessoas estão sedentas por uma liderança intrépida. Ao seguirem líderes arrojados, elas se tornam igualmente arrojadas. A experiência de alimentar aqueles cinco mil homens, além das mulheres e crianças, contribuiu para forjar a ousadia que, por fim, os discípulos demonstraram ao vencer os obstáculos a fim de disseminar a mensagem do evangelho. Os benefícios advindos disso permanecem mesmo após o líder sair de cena.

Jesus é o maior e mais ousado de todos os líderes. Seus seguidores, em particular aqueles que hoje estão em posição de liderança, devem enxergar a ousadia como uma norma, não como um estilo de liderança irreal e extraordinário. Novamente, é necessário enfatizar que ousadia não é sinônimo de imprudência ou arrogância. A liderança arrojada, similar à praticada por Jesus, ousa realizar grandes coisas, com grande fé, para promover um grande bem.

• 36 •

ESTABELECENDO a ORDEM

"Então Jesus ordenou que fizessem todo o povo assentar-se em grupos na grama verde."

Marcos 6.39

Uma das primeiras responsabilidades de um líder é estabelecer a ordem.

Servimos a um Deus de ordem. Uma importante função da Criação foi trazer ordem ao caos. Antes de alimentar a todos os que ali estavam (Marcos 6.39-44), Jesus instruiu os discípulos a organizar a multidão. De fato, sua compaixão por eles foi desencadeada pela falta de ordem deles: "Porque eram como ovelhas que não têm pastor".

Antes de agir, um líder eficaz primeiro pensará em organizar a situação, em criar ordem. Isso não deve ser confundido com a atitude de um disciplinador severo. O rigor excessivo não cria ordem, mas apenas proporciona um sentimento de domínio a quem o exerce. O verdadeiro líder cria a ordem a fim de servir aos outros de forma mais eficiente. Jesus encorajou as pessoas a sentarem-se em grupos, para que Ele e os discípulos as servissem melhor. Para um líder, ordem e organização não são apenas um exercício de poder, mas elementos necessários à preparação para o serviço.

Ao contrário da opinião popular, a ordem não sufoca a criatividade, mas a promove. Tampouco restringe a liberdade, antes

> O verdadeiro líder **cria a ordem** a fim de **servir aos outros** de forma mais **eficiente**.

a intensifica. A desordem é o tipo de tirania na qual as coisas boas e positivas raramente acontecem. Quando a desordem reina absoluta, as pessoas sofrem de muitas maneiras.

Existe uma enorme diferença entre ordem e disciplina excessiva. Jesus não instruiu que as pessoas sentassem em grupos alfabeticamente organizados pelo sobrenome e permanecessem em silêncio até que fossem chamadas. Ao contrário, ele estabeleceu uma organização que não foi ameaçadora ou restritiva, mas agradável e liberal. A disciplina dura e inflexível embota a criatividade e restringe a liberdade, mas a ordem cria uma atmosfera na qual a liberdade e a criatividade encontram o ambiente ideal para florescer.

• 37 •

Líderes ORAM em GRATIDÃO

"Tendo-a despedido, subiu a um monte para orar."

MARCOS 6.46

Esta pequena passagem de apenas sete versículos (Marcos 6.45-52) contém muitas lições sobre liderança, onde a ideia principal é que a oração é tão necessária após o triunfo quanto o é antes da dificuldade.

Nossa tendência é lembrarmos de orar somente quando o perigo está bem à nossa frente, mas esquecermos de agradecer a Deus após superá-lo é uma atitude bastante comum. Jesus orou antes de alimentar os cinco mil homens, agradecendo pelo o pão. Ainda mais significantemente, orou após operar aquele grande milagre, despedir a multidão e enviar seus discípulos adiante: Ele "subiu ao monte para orar". Essa é uma tremenda lição para todos aqueles que lideram.

Um tempo a sós, sobretudo para dedicar-se à *oração*, é fundamental ao desenvolvimento de uma liderança bem-sucedida. A oração é importante quando vemos à frente as inevitáveis dificuldades que ainda iremos enfrentar; mas Jesus nos mostra que é igualmente vital orar depois de Deus ter permitido o sucesso de nossa liderança. Tais momentos de agradecimento em oração nos fortalecem e renovam nosso ânimo — talvez mais do que qualquer outro. São os mais alegres e memoráveis períodos de louvor, culto e celebração de nosso maravilhoso Pai celestial; momentos de agradecer e louvar, de expressar amor e adoração. A única petição nesses momentos deveria ser pela graça de amar a Deus ainda mais.

Depois de sermos socorridos por Ele — ou de termos liderado outros a bom termo — durante momentos difíceis e cruciais, a primeira coisa que devemos fazer é entregar-nos à oração. Porém, esse não deve ser momento para uma oração casual, do tipo que sussurramos enquanto partimos para realizar outra atividade. Jesus poderia facilmente ter acompanhado os discípulos quando estes partiram para Betsaida, como seria o mais esperado e natural. Por que se separar dos demais e viajar sozinho? Porque a ajuda e a bênção de Deus foram grandiosas e exigiam um período particular e especial de comunhão com Ele.

Deus se desagrada da ingratidão. Nos tempos do Antigo Testamento, a falta de gratidão e de reconhecimento por parte do povo de Israel provocava a ira de Deus. Moisés, o líder do povo, era obrigado a, repetidas vezes, interceder em favor do povo, solicitando a misericórdia divina.

> Um tempo **a SÓS**, sobretudo para dedicar-se à **oração**, é fundamental para desenvolver uma liderança **bem-sucedida**.

Como líderes dos tempos modernos, tendo conhecimento do relato bíblico, com a grande alegria de conhecer Jesus e o privilégio de ter acesso ao auxílio do Espírito Santo, é muito mais importante que expressemos toda a nossa gratidão a Deus, quando recebemos auxílio, bênçãos e triunfo. Isso nos permitirá ir ao encontro do Pai com mais segurança e confiança quando novamente necessitarmos de seu auxílio diante de novas dificuldades. Como poderemos procurá-lo novamente com um pedido, quando nem agradecemos ou o louvamos pela provisão e pelo auxílio anteriores?

Os melhores líderes são também as pessoas mais agradecidas da terra, porque reconhecem que tudo o que possuem é uma dádiva divina. Tenha você também um coração repleto de agradecimento a Deus e lembre-se de que todas as bênçãos chegam até nós por sua deliberação.

A oração de Davi no Salmo 138.1-3 deveria ser padrão para todos os líderes. De fato, é uma forma bastante apropriada para finalizar este capítulo sobre lições de liderança de Jesus:

> Eu te louvarei, Senhor, de todo o meu coração; diante dos deuses cantarei louvores a ti. Voltado para o teu santo templo eu me prostrarei e renderei glórias ao teu nome, por causa do teu amor e da tua fidelidade; pois exaltaste acima de todas as coisas o teu nome e a tua palavra. Quando clamei, tu me respondeste, deste-me força e coragem.

Essa oração serve para qualquer líder, no seu lar, na igreja, nos seus negócios. Seja como Jesus. Seja grato.

• 38 •

Definindo sua
DECLARAÇÃO
de MISSÃO

"Vocês negligenciam os mandamentos de Deus e se apegam às tradições dos homens."

Marcos 7.8

Líderes eficazes enxergam além da maneira tradicional de realizar as coisas. Porque sabem, no entanto, que algumas coisas são sacrossantas, intocáveis, eles mantêm sempre o objetivo final em mente.

Por isso é de suma importância ter uma declaração de missão bem concebida, bem definida e bem clara. Sem isso, mesmo o mais carismático e atraente líder sairá dos trilhos e perderá o rumo. Uma declaração de missão é essencial para uma liderança qualificada. Caso contrário, a personalidade, o orgulho e as exigências de momento serão agentes de desvios.

Para Jesus, "o mandamento de Deus", ou seja, obedecer à vontade do Pai, é a sua missão. E a "tradição dos homens" jamais o desviou de seu objetivo. Ele nunca o perdeu de vista.

Novamente, o ponto a ser observado na passagem de Marcos 7.8 não é o apego dos fariseus às tradições dos homens. Todos nós agimos assim, uns mais outros menos, porque a tradição nos ajuda a obter o melhor do passado, como um guia, enquanto caminhamos rumo ao futuro. Talvez a atitude de Jesus aqui seja vista equivocadamente como a de ataque contra todas as tradições; mas, na verdade, Ele acusou os fariseus de terem abandonado os mandamentos de Deus. Quando você coloca as suas próprias tradições debaixo da vontade de Deus, elas passam a ser um guia. Quando inverte essa ordem, você acaba exatamente como os fariseus, ou seja, abandona a vontade de Deus em prol de sua agenda pessoal.

Considere o exemplo específico dado por Jesus na passagem seguinte, versículos 9-13. Claramente, alguns fariseus estavam utilizando a tradição humana do "Corbã" com o propósito de escapar do claro ensinamento da Escritura sobre o cuidado com os parentes. À luz do quinto mandamento, que versa sobre honrar pai e mãe, agir assim era algo verdadeiramente maligno. Em 1Timóteo 5.8, Paulo relembra que o cristão que não cuida de sua própria família é, na verdade, pior que um incrédulo. Líderes cristãos nunca devem usar sua vocação no mundo dos negócios como uma desculpa para negligenciar seus entes queridos.

Em um sentido real, os líderes de hoje possuem a mesma declaração de missão geral. A vontade de Deus deve ser a missão suprema de todo líder. Sob esse guarda-chuva, nossa missão mais pessoal precisa ser expressa de modo específico.

> **Visão, missão** e **estratégia** são elementos necessários a uma liderança **qualitativa**.

Um líder eficaz compreende e articula sua missão, e desse modo, nem ele nem seus seguidores se desviam dela. Visão, missão e estratégia são elementos necessários a uma liderança qualitativa.

Possua uma declaração de missão para a sua vida, bem como para qualquer esforço de liderança que empreender.

• 39 •

O **PODER** da REPREENSÃO

> **"** 'Será que vocês também não conseguem entender?', perguntou-lhes Jesus. **"**
>
> Marcos 7.18

A passagem de Marcos 7.17-23 está repleta de lições sobre liderança, mas a que se destaca é esta: às vezes uma severa repreensão constitui uma necessária e produtiva ferramenta para o líder.

Jesus não era um líder tímido e piegas. Em inúmeras ocasiões, exasperou-se com seus discípulos, deixando isso bem claro. Na linguagem coloquial de hoje, é como se exclamasse: "Pessoal, vamos acordar? Será que um dia vocês vão entender? Quantas vezes eu tenho de explicar isso a vocês?" Em ocasiões oportunas, seus liderados precisam saber que você não está satisfeito.

Sem dúvida, as palavras de Jesus foram penetrantes e ressentidas. Foi apenas uma breve pergunta, que antevia uma explanação — talvez com uma pitada de pesar por ter de percorrer o mesmo caminho uma vez mais. É certo que eles sentiram o peso de cada uma daquelas palavras. Os líderes sensatos sabem o momento certo de repreender e prosseguir. Porém, os líderes insensatos demoram-se em sua repreensão, repetindo suas críticas indefinidamente, o que não leva a uma melhora de desempenho, mas ao ressentimento e ao desânimo.

Bons líderes usam as repreensões, em especial as mais incisivas, com parcimônia e estratégia. Jamais as utilizam para destruir ou ridicularizar, pelo simples prazer de assim agir, mas sempre com um propósito positivo. A finalidade da repreensão nunca deveria ser mostrar o quanto o líder é vigoroso ou esperto, nem para promover o seu ego. Tais admoestações doem no líder tanto quanto doem naquele que é repreendido.

Certo líder corporativo parecia sempre precisar de um "saco de pancadas", de um alvo para suas zombarias. Durante muitos anos, esse comportamento foi motivo de desgaste para muitos homens e mulheres de talento, trazidos a seu círculo de amizades com o fim de submetê-los a seu sarcasmo cáustico e constante. Isso fazia com que se afastassem, apenas para serem substituídos por novos alvos de seu escárnio. (A consequência satisfatória disso é que muitos deles prosseguiram, desenvolvendo carreiras bem-sucedidas, ainda que nacionais. Não obstante, devido à incessante e injusta humilhação a que foram submetidos, seus talentos foram desperdiçados pela empresa original.)

> Bons líderes usam as **repreensões**, em especial as mais incisivas, com parcimônia e estratégia.

Observe que a repreensão aos discípulos aconteceu longe da "multidão" (Marcos 7.17), ou seja, Jesus não os repreendeu diante de espectadores. Na verdade, Ele não apenas aguardou até que estivessem em local privado, como também esperou até que a pergunta viesse deles. Desta maneira, não pareceria haver a intenção de humilhá-los.

Ter a noção do tempo certo é crucial, tanto em relação a elogios quanto a críticas. Jesus não hesitou em desafiar os discípulos quando sentiu que não estavam prestando a devida atenção ao que Ele dizia e fazia. No entanto, mesmo tocando em um ponto doloroso, Jesus se preocupava em preservar a dignidade daqueles homens.

Perceba igualmente que a repreensão não envolveu o que eles *não* sabiam, mas sim o que eles *deveriam* saber. Não acarreta benefício algum punir seus trabalhadores por fracassarem em alcançar determinados objetivos que jamais foram devidamente explicados a eles.

Obviamente Jesus jamais cometeu esse tipo de erro. Suas repreensões sempre tiveram o objetivo de beneficiar a pessoa e promover o sucesso do empreendimento. Seu exemplo mostra que uma cuidadosa e sábia admoestação, focando resultados positivos, é uma ferramenta de liderança que não deve ser negligenciada.

· 40 ·

A ESTRATÉGIA dos SEGREDOS

> "Entrou numa casa e não queria que ninguém o soubesse; contudo, não conseguiu manter em segredo a sua presença."
>
> MARCOS 7.24

Uma ferramenta básica da liderança, talvez a *mais* básica de todas, é esta: informação. Saber como, quando, onde e a quem a informação é transmitida constitui a própria essência da liderança. A passagem mencionada no início deste capítulo fornece um ponto de partida para uma compreensão do manuseio de informação pelo líder. Em um sentido humano, nem mesmo Jesus pôde manter segredo.

Para começar a compreender a informação, portanto, é preciso reconhecer a extrema dificuldade em se manter algo em sigilo. É tolice um líder imaginar que pode se manter no anonimato pelo tempo que quiser. Também é um disparate pensar que pode guardar por longo tempo alguma informação dinâmica. Como expressou Benjamin Franklin: "Três pessoas podem manter um segredo se duas delas estiverem mortas".

> Saber **como, quando, onde** e a **quem** a informação é transmitida constitui a própria **essência** da liderança.

Não tente construir uma liderança baseada no sigilo. Pode funcionar por algum tempo, mas por fim desmoronará. Em meus anos de vida corporativa, percebi que alguns líderes acharam que poderiam exercer uma melhor liderança compartilhando confidências entre seus subordinados, na suposição de que estes, por sua vez, as manteriam em segredo. Isso nunca funcionou.

O que geralmente acontecia era que os subordinados começavam a comparar as "confidências", descobrindo que lhes eram contadas as mesmas coisas supostamente "exclusivas". Ou pior, às vezes percebiam que os confidenciados revelados eram contraditórios e excludentes. A confiança logo é quebrada nesse tipo de liderança. Um estilo de liderança honesto e transparente é sempre melhor. É praticamente impossível manter qualquer tipo de informação valiosa em segredo por muito tempo, seja ela boa ou ruim. No mundo moderno, tão logo ela "vazará". Por isso, é sempre melhor para o líder decidir de imediato como irá romper o segredo do modo mais produtivo possível. Caso contrário, o líder se encontrará, via de regra, prestando contas, em vez de comandando o processo.

A mais bem-sucedida operação "sigilosa" na qual me envolvi pessoalmente acabou de modo muito doloroso. Quando a estrela do tênis, Arthur Ashe, descobriu que havia contraído HIV por meio de uma transfusão de sangue, um reduzido contingente de seus amigos mais íntimos assentiu em manter o problema em segredo por algum tempo. Ashe tinha algumas providências a tomar antes de encarar a forte reação pública que viria sobre ele.

O acordo funcionou por muitos meses, até que a notícia se espalhou. Organizamos como pudemos a inevitável entrevista coletiva que se seguiu ao tumulto, mas ainda assim a experiência foi traumática para Arthur e seus familiares.

Manter um segredo é tarefa das mais difíceis. As notícias são quase impossíveis de se reter. Um líder sábio se lembrará disso. Nem mesmo Jesus conseguiu manter sigilo.

• 41 •

ESTILO, ESSÊNCIA e EMPATIA

"Depois de levá-lo à parte, longe da multidão..."

MARCOS 7.33

A expressão-chave na passagem de Marcos 7.33-35, que nos conta a história da cura de um homem surdo e gago por Jesus, é "longe da multidão". Ao examinarmos os relatos sobre os milagres de Jesus, vemos que seus prodígios tinham dois propósitos primários. O primeiro era realizar um ato de amor e de misericórdia. O segundo, avançar em sua missão, ensinando lições importantes para o plano.

Um líder necessita tanto de estilo quanto de essência, porém é deveras importante jamais colocar o primeiro *acima* do segundo. Resultados tangíveis são os que mais contam. Jesus realizou milagres como um trabalho completo. Também dedicou grande atenção ao "estilo" por meio do qual os milagres foram perpetrados. Mesmo assim, Jesus sempre resistiu à "pirotecnia", recusando a autopromoção e dirigindo todos os seus atos à glorificação do Pai e ao cumprimento de sua vontade. Tanto a essência quanto o estilo devem promover a causa.

Os líderes de nossos dias precisam considerar com cuidado o tempo e o contexto para os avisos, os lançamentos de produtos e as demonstrações. Há um maior progresso do plano geral quando privilegiamos um grupo restrito de associados ou influenciamos de início uma audiência mais ampla? O cumprimento do propósito primário deveria ser o foco de todo líder.

Considere outra importante lição de Jesus sobre liderança nessa passagem. Ao tocar os ouvidos do homem surdo, Jesus expressou a sua empatia por ele. No milagre anterior, expulsou demônios da filha de uma mulher, quando a menina nem mesmo estava presente. Dessa vez, Jesus tocou os ouvidos do homem para em seguida tocar na língua dele com ssua própria saliva — gestos extremamente pessoais e muito íntimos. Por quê? O primeiro milagre mostrou seu poder de curar a distância, enquanto o segundo demonstrou seu íntimo envolvimento com o sofrimento daquele homem. Líderes dotados de sabedoria reconhecem que nem todas as decisões devem ser tomadas da mesma forma e nem todos os problemas devem ser lidados de modo idêntico.

Do mesmo modo, perceba que Jesus "suspirou profundamente" enquanto ministrava a cura do homem. Uma afirmação surpreendente — a única vez em que tal atitude foi reportada durante um milagre. Suspirar, não pela dificuldade da situação, mas em profunda compaixão pelo sofrimento daquele homem e, talvez, por extensão, pelo sofrimento de toda a humanidade. Marcos jamais revelou um detalhe irrelevante. Aqui está a prova de que Jesus era capaz de "compadecer-se de nossas fraquezas" (Hebreus 4.15).

> **Não** existem **regras** sobre quando fazer o quê — apenas o reconhecimento de que a liderança requer **reações** diferentes em **situações diferentes**.

Às vezes, os líderes devem agir com rapidez e, então, prosseguir. Em outras ocasiões, precisam deter-se durante o tempo que for necessário e, por suas ações e palavras, demonstrar profunda preocupação pessoal. Não existem regras sobre quando fazer o quê — apenas o reconhecimento de que a liderança requer reações diferentes em situações diferentes.

Quando o presidente fala de seu gabinete à nação, está sempre vestido de terno social e profere seu discurso com dignidade. Porém, quando em visita a locais públicos, ele tira seu casaco, senta-se e come milho direto do sabugo, ao lado da população. Que foto estará estampada na primeira página dos jornais no dia seguinte? A não ser em uma declaração de guerra, a foto de capa sempre será aquela que mostra o presidente com seu povo. Nessa passagem repleta de boas lições para os líderes, Jesus nos apresenta mais de seu lado humano, mesmo ao realizar um poderoso milagre.

• 42 •

Um PADRÃO de EXCELÊNCIA

"*O povo ficava simplesmente maravilhado e dizia: 'Ele faz tudo muito bem.*"

MARCOS 7.37

Jesus foi, com certeza, a pessoa mais incrível a pisar na terra. Todas as suas realizações foram mais excelentes que os atos de qualquer um de nós, em todas as épocas. Sua atuação continua. Ele prepara um lugar para nós, intercedendo diariamente em nosso favor e mantendo o mundo pelo poder de sua palavra.

Não podemos surpreender as pessoas como Jesus, imitando-o em poder e grandeza. Para os líderes de hoje, entretanto, a boa notícia é que não é preciso muito para surpreender no mundo atual. Nossa sociedade desviou-se tanto dos padrões estabelecidos por Jesus que os líderes atuais podem sobressair-se em pequenas realizações com um mínimo de excelência. E pequenas realizações com excelência são a base para as grandes. Esse é o alicerce para uma liderança qualificada.

Os líderes devem liderar tanto pelos princípios quanto pelo exemplo cotidiano. Há diretores cujas empresas contam com declarações de missão eloquentes e nobres, mas a própria postura deles nos detalhes não é de maneira alguma positiva. Infelizmente, isso também ocorre nas igrejas. Algumas ostentam maravilhosas e expressivas declarações de missão, expressando o desejo de fazer surgirem "servos zelosos", porém seus dirigentes, incluindo-se a mais alta liderança, falham em refletir esse propósito na interação diária com os demais membros.

Por exemplo, quando um líder chega atrasado aos compromissos, não responde aos e-mails nem retorna as ligações recebidas, ou deixa de agradecer, tal comportamento, no devido tempo, reflete-se na eficácia de sua liderança. Cedo ou tarde, toda a corporação irá sofrer as consequências. Apesar de pequenas a princípio, nessas circunstâncias, tais atitudes tornam-se grandes.

Felizmente, são atitudes que todos podemos desempenhar a contento com um tanto de compromisso e determinação. Se como líderes nos esforçarmos nessas pequenas coisas, não somente a nossa empresa será beneficiada, mas deixaremos a todos contentes, pois tal mostra de consideração é artigo raro em nossos dias.

Nas parábolas de Jesus Cristo, a fidelidade nas pequenas coisas e a atenção para aquilo que é aparentemente prosaico demais podem gerar grandes oportunidades. Portanto, líderes que executam pequenas tarefas em esferas menores terão mais chances de liderar em esferas maiores. Pequenas coisas significam muito.

> **Pequenas** realizações com **excelência** são a base para as **grandes**.

No caso de Jesus, sua extraordinária aprovação da parte do povo resultou de sua sabedoria, compaixão, sentido do chamado divino e da inquestionável pureza de seus motivos. Não foi apenas devido aos milagres que Ele realizou, porque mesmo falsos profetas podiam operar milagres (veja Mateus 7.21-23). Isoladamente, os milagres não produzem esse tipo de reação.

Nós olhamos para Jesus e pensamos: "Jamais poderia realizar os milagres que Ele realizou". Essa é a mais pura verdade. No entanto, qualquer um de nós é capaz, com o poder dado por ele, de viver uma vida de entrega e, pelo menos em menor escala, provocar um impacto similar ao de Cristo.

• 43 •

CONHEÇA seus RECURSOS

" 'Quantos pães vocês têm?',
perguntou Jesus. 'Sete',
responderam eles'. "

MARCOS 8.5

Um líder eficaz não confia em conjecturas, mas busca informações para conhecer a extensão dos recursos que tem a sua disposição.

"Quantos pães vocês têm?" É evidente que Jesus conhecia a resposta a essa pergunta. Apenas queria envolver os discípulos naquela situação e fazê-los tomar parte na tarefa de solucionar o problema. Jesus poderia ter resolvido tudo com apenas uma palavra divina; porém, porque não adotou essa solução, forneceu lições sobre liderança aos discípulos e a nós também.

Historiadores nos contam que Robert E. Lee costumava perguntar aos seus subordinados, mesmo no dia de sua rendição em Appomattox: "Que oportunidades avistamos diante de nós?". Procedia assim por dois motivos: para não perder nenhuma possibilidade estratégica e para treinar seus oficiais a enxergarem o cenário maior. Quando perguntou aos discípulos quantos pães havia, Jesus os envolveu na solução do problema. Bons líderes devem conhecer o que possuem e devem treinar seus seguidores a começar com o que tiverem em mãos.

Um líder sábio busca maneiras de envolver seus liderados nas atividades mais produtivas. O trabalho de um líder não é tanto realizar, mas promover realizações. Um líder sábio resistirá ao impulso de tomar as ações para si, de modo a permitir que seus seguidores ponham as mãos na massa, aprendendo e crescendo com isso. Um líder deve, o quanto possível, fazer aquilo que *apenas* ele é capaz de fazer. Todas as demais tarefas devem ser delegadas.

Quando um líder se envolve com o que não está relacionado a liderança (exceto com o propósito de ensino), a empresa sofre. O líder deve dedicar seu tempo para planejar e atender a necessidades gerais da organização, delegando, inspirando, motivando e ensinando. Permita o crescimento dos outros ao consentir que eles aprendam na prática.

No milagre em que alimentou quatro mil pessoas (Marcos 8.1-10), Jesus vislumbrou uma necessidade e decidiu que deveria atendê-la. Então, ele expressou o seu compromisso em promover o que seus seguidores julgaram infrutífero. Jesus fez um levantamento dos recursos disponíveis, dividiu a multidão, operou os milagres e orientou os discípulos para que servissem o alimento e, mais tarde, recolhessem o que havia sobrado. Em resumo, Jesus realizou o que apenas ele poderia realizar — um milagre — e envolveu os seus discípulos em todo o restante do evento. Esta é de fato uma liderança positiva.

> Um líder **sábio** busca maneiras de **envolver** os seus liderados nas **atividades** mais **produtivas**.

Perceba que Jesus não ficou ofendido ou irado com a dúvida dos discípulos. Ele sabia que a incerteza poderia se transformar em uma excelente ferramenta de ensino. Em termos apenas humanos, os discípulos viam que os parcos recursos de que dispunham eram praticamente nada, considerando-se o tamanho da necessidade. Porém, eles haviam esquecido o milagre anterior da multiplicação, no qual mais de cinco mil pessoas foram alimentadas, ou então duvidavam de que Jesus poderia repeti-lo. Talvez eles apenas tenham pensado que Jesus não *faria* isso novamente em território gentio.

Seja qual for o caso, os líderes devem estar preparados para enfrentar a dúvida e o ceticismo dos que estão dentro do grupo mais próximo. Tal momento propicia um teste supremo para a visão do líder, assim como para o seu autocontrole. Se ele perder a calma, também perderá o respeito de seus liderados e a oportunidade de lhes mostrar como um líder reage sabiamente sob pressão.

Jesus podia fazer tudo de modo excelente, mas propiciou a seus discípulos passarem pela experiência de fazer as coisas por si mesmos. Isso os beneficiou sobremaneira, bem como a missão que empreenderam após Jesus ter sido fisicamente retirado do meio deles. Essa é uma valiosa lição para todos os líderes.

• 44 •

COMECE com GRATIDÃO

"Depois de tomar os sete pães e dar graças, partiu-os e os entregou aos seus discípulos..."

MARCOS 8.6

Os recursos de qualquer líder são finitos, muitas vezes parecendo inadequados para a situação. Jesus — que dispunha de recursos infinitos — ensina nessa passagem que devemos ser gratos por aquilo que temos e usar nossos recursos com fé. Os líderes não devem se deixar paralisar pelas circunstâncias.

Os primeiros passos para uma liderança triunfante podem ser resumidos assim: fazer uso do que temos com gratidão e avançarmos positivamente com fé. Não estamos advogando em defesa de uma ação precipitada e tola. Como já foi dito, às vezes o melhor que podemos fazer é uma retirada estratégica. Aqui, trata-se de uma liderança que irá agir e eliminar o problema com os recursos de que dispõe. Tom Peters chama isso de "preparar, apontar, fogo".

Muitas das grandes e duradouras empresas, bem como a maioria das grandes e duradouras igrejas, começaram com "sete pães" e "alguns peixes pequenos", recursos totalmente inadequados para a situação. Porém, um líder visionário escolhe focar sua atenção no que tem em mãos, ao invés do que não tem, e começa a construir, obtendo resultados impressionantes.

Quando usamos o que temos, inspiramos outros a se juntarem a nós e nos ajudarem. Novos recursos são somados aos originais. Na alimentação das quatro mil pessoas, Deus foi o supridor. Ele *ainda* supre as necessidades, porém com frequência responde mais à fé em ação. Quando nos movemos, Ele também se move. Um líder age e direciona seus seguidores a agir de um modo positivo. A passividade resulta em nada.

Não negligencie a outra fundamental lição sobre liderança presente nessa passagem. Jesus não se desesperou diante dos parcos recursos e da grande dificuldade da tarefa. Ele deu graças pelos pães e pelos peixes. Por quê? Para reconhecer que mesmo o pouco que tinham em mãos viera das graciosas mãos de Deus. Líderes ingratos jamais alcançarão grandes conquistas, porque a ingratidão mina a alma de sua força criativa. Há duas opções: Ou você cruza os braços e lamenta pelo que não tem, ou pode dar graças a Deus e começar a trabalhar com o que tem.

> Um líder visionário escolhe focar sua atenção no que tem em mãos, ao invés do que não tem.

Observe que, após a distribuição dos alimentos, os discípulos de Jesus ainda encheram sete grandes cestos com o que havia restado, ou seja, havia mais no final que no começo, mesmo após quatro mil pessoas terem sido alimentadas. Isso é o que sempre acontece quando líderes agem com o intuito de satisfazerem necessidades genuínas, confiando em Deus, com gratidão nos seus corações, iniciando com os recursos que têm em mãos naquele momento. Este tipo de milagre ocorre todos os dias de maneiras diversas, quando homens e mulheres devotados agem como Jesus agiu no deserto de Decápolis.

Deus abençoou o esforço e a entrega de Jesus. Em nossos dias, Ele abençoa aqueles que arregaçam as mangas com o que têm em mãos, confiando que serão supridos.

· 45 ·

Um SEMINÁRIO FLUTUANTE

> "Os discípulos haviam se esquecido de levar pão, a não ser um pão que tinham consigo no barco."
>
> MARCOS 8.14

Um líder sábio reservará um tempo específico para um ensino formal de conhecimentos vitais. Entretanto, o ensino mais efetivo ocorre quando um líder alerta aproveita um daqueles momentos excepcionais que surgem de modo espontâneo.

Na passagem mencionada, os discípulos falharam em sua responsabilidade. Eles deveriam ter providenciado suprimento de pão suficiente para a travessia no mar da Galileia. Jesus poderia ter aproveitado essa falha para ensiná-los sobre logística, planejamento, listas de verificação e organização. Poderia ter lhes passado um sermão sobre a importância dos detalhes. Poderia muito bem ter dito: "Só porque o meu Pai alimentou quatro mil pessoas com sete pães, isso não livra vocês da responsabilidade com as provisões."

Essa é uma lição importante para todo liderado. Determinados colaboradores desenvolvem tamanha fé em líderes eficazes que acabam se tornando relaxados em seus próprios deveres, confiando que o brilhantismo de seu líder sempre os livrará de apuros. Jesus, porém escolheu ensinar uma lição muito mais importante. Com esse exemplo, deveríamos aprender a utilizar oportunidades preciosas de ensino para que sejamos ainda mais beneficiados.

Naquele momento de seu ministério, Jesus encarou a realidade de uma crescente oposição dos líderes religiosos de Israel. A maligna hostilidade desses opositores constituía uma ameaça muito mais séria à sua missão do que qualquer problema relacionado à logística ou agenda. Aproveitando aquela oportunidade, Jesus ignorou a importância de tais áreas, a fim de instruir seus discípulos sobre algo que era de crucial relevância para o futuro sucesso deles. Ao agir assim, Jesus usou uma oportunidade de ensino e a transformou em um inesquecível seminário flutuante.

Jesus traçou uma linha que partia do familiar para o desconhecido. Ao ver o único pão trazido pelos discípulos, apropriou-se do fermento para ilustrar as malignas intenções de Herodes e dos fariseus (Marcos 8.15). A correlação foi precisa por ao menos duas razões. O fermento era um ingrediente bastante conhecido por seus discípulos e todos compreendiam que era preciso apenas um pouco desse ingrediente para levedar por inteiro a massa do pão. Assim, foi uma analogia perfeita para o princípio que Jesus queria transmitir: propriedades de uma substância comum e conhecida por todos simbolizavam a perniciosa natureza das obras malignas perpetradas contra eles.

> Líderes sábios descobrem formas **simples** de **alertar** seus seguidores quanto aos **perigos** a serem enfrentados.

Ao falar-lhes "Cuidado!", Jesus ensina que há inimigos reais e perigosos à espreita, ardilosos e difíceis de reconhecer, cujos ataques pediriam constante vigilância.

Líderes sábios descobrem formas simples de alertar seus seguidores quanto aos perigos a serem enfrentados. No caso bíblico, os discípulos não compreenderam o que Jesus estava dizendo a princípio. Isso somente reforça a importância de um ensino contínuo e persistente por parte dos líderes, em vez da presunção de que suas palavras serão imediatamente compreendidas.

· 46 ·

CONHECENDO
o que é
INEGOCIÁVEL

> "Advertiu-os Jesus: 'Estejam atentos e tenham cuidado com o fermento dos fariseus e com o fermento de Herodes.'"
>
> MARCOS 8.15

Por definição, liderar é enxergar no nível macro. Assim, líderes bem-sucedidos não podem se perder em minúcias. Na grande maioria das situações, os detalhes devem ser delegados. Há, entretanto, detalhes aparentemente insignificantes que podem causar estragos mais adiante. Em Marcos 8.15, Jesus está ensinando sobre o que é inegociável.

O "fermento" de Herodes e dos fariseus era uma crescente corrupção e uma disposição maligna que, embora tímida àquela altura, com o tempo se espalharia por toda aquela região. Jesus podia ver com nitidez o dia em que as pequenas nuvens no horizonte se transformariam em uma grande tempestade de controvérsia, caindo sobre sua cabeça em meio a relâmpagos e trovões na derradeira semana de sua vida.

> Jesus via o **futuro** com **clareza**, agindo com o propósito de **alertá-los** quanto aos **perigos** que enfrentariam no **futuro**.

Os discípulos não ignoravam tal oposição, pois eles mesmos haviam experimentado hostilidade. Porém, como a maioria dos liderados, não conseguiam enxergar a culminação do processo. Jesus via o futuro com clareza, agindo com o propósito de alertá-los quanto aos perigos que enfrentariam no futuro.

Há determinados problemas que um líder deve omitir ou, no máximo, mencionar de modo reservado e calmo. Porém, há certos tipos de problemas que jamais devem ser omitidos ou negligenciados, e toda a organização deveria saber que o líder está "soltando fogo pelas ventas" por causa deles. Desonestidade e desunião são dois exemplos desse tipo de perigo. Ao menor sinal de qualquer um deles, o líder deve encará-los com rapidez e determinação. Jamais os trate em banho-maria. Se não tratados devidamente, crescerão, promovendo grande contágio.

Com a expressão "soltar fogo pelas ventas", não queremos dizer que ações melodramáticas são necessárias e que o líder deve vociferar e gritar ao enfrentar uma situação que deve ser tratada. O que desejamos expressar é que uma ação imediata e decisiva deve ser tomada. De algum modo, o aviso a ser transmitido é que a desonestidade e a desunião, mesmo em pequenas doses, não serão toleradas.

O tipo de "alerta" que você deseja criar é: "Você sabia que a Márcia já não trabalha mais conosco? Pelo jeito, pequenas quantias não são consideradas tão pequenas assim aqui". Ou: "O chefe ouviu dizer que Steve estava prometendo aos clientes mais do que podíamos. Ele não está mais conosco". Ou ainda: "Sabe o Kevin, que sempre comentava que nossa empresa não era boa? Parece que a chefia foi dizer a ele que, se a empresa era tão ruim assim, ele deveria ir procurar trabalho em outro lugar".

Os líderes devem ser capazes de reconhecer o "fermento dos fariseus" e ter a determinação de lidar com ele o quanto antes.

• 47 •

MANTENDO O FOCO

"Vocês têm olhos, mas não veem? Têm ouvidos, mas não ouvem? Não se lembram?"

MARCOS 8.18

Assim como os discípulos se ativeram demais à falta de pão, demonstrando pouca fé — especialmente à luz do grande milagre que tinham acabado de testemunhar —, os liderados de hoje costumam perder o foco, esquecendo-se das vitórias passadas e entregando-se ao medo e à insegurança. O líder deve corrigir o foco, relembrar e renovar a confiança.

Em todo tipo de empreitada, desde a direção de uma equipe para alavancar um negócio até liderar uma igreja, o líder deve se proteger da perda do foco, começando a vigilância consigo mesmo. Quando o líder perde o foco, a empresa sofre. Em geral, a falta de foco da liderança conduz ao colapso e ao fracasso.

> **Falta de foco** da liderança conduz ao colapso e ao fracasso.

Quando o chefe de uma corporação é seduzido por uma empreitada nova e arrebatadora e que não tem nada a ver com o negócio principal da empresa, os conflitos começam a surgir. Quando a liderança da igreja começa a ter no aumento de membros (ou qualquer outro alvo secundário) o seu objetivo primário, ao invés de formar discípulos obedientes, as bênçãos reais são sacrificadas. A liderança deve manter o foco e permanecer fiel à sua missão. Se um líder perde esse foco, todos os outros que o cercam também perdê-lo.

Como o líder mantém o seu próprio foco? Os minutos iniciais de todo novo dia são cruciais para tudo o que vem em seguida. Será que esse líder irá separar um tempo para dedicar o dia a Deus e pedir direção a Ele? E quanto a refletir estrategicamente sobre as três ou quatro coisas mais importantes a serem realizadas naquele dia?

Alguns líderes possuem declarações de missão fixadas no painel de seus carros ou no espelho do banheiro, de modo que elas sempre estejam vivas em suas mentes. Conheço líderes que fazem a si mesmos as mesmas perguntas a cada manhã:

1. Que tarefas devo cumprir hoje que ninguém mais pode?
2. Que tarefas poderiam ser melhor executadas por outra pessoa?
3. Que problemas tenho postergado por não querer lidar com eles?
4. Que passos, ainda que tímidos, eu deveria dar hoje de modo a conduzir a minha companhia ao futuro?
5. O que eu deveria fazer hoje que me deixará feliz quando o hoje se tornar ontem?
6. Como posso encorajar as pessoas ao meu redor a desempenharem suas tarefas?

Questões como essas são fundamentais porque obrigam o líder a refletir sobre suas prioridades e o auxiliam a se manter focado. Se ele perder o foco, quem estiver em torno logo perderá também.

Perceba a estratégia que Jesus adotou (Marcos 8.14-21) para devolver a confiança a seus discípulos:

1. Dirigiu-lhes seis perguntas pontuais.
2. As perguntas passaram do problema para a causa raiz (descrença por memória fraca).

3. Ele os relembrou dos dois poderosos milagres operados no passado recente.
4. Ele os desafiou com o pensamento de que eles já deviam ter compreendido tudo sem qualquer explicação adicional.

Chamar algo mais parecido com admoestação de "restabelecimento da confiança" pode soar um tanto estranho, porém na realidade Jesus estava tranquilizando os discípulos de que, embora a curva de aprendizado deles estivesse lenta, ainda estava disposto a trabalhar com eles. Igualmente, Jesus também estava lhes mostrando que tinha fé e expectativas ainda maiores do que os próprios discípulos tinham em si mesmos.

Com certeza, ser repreendido por Jesus não era nada agradável. Porém, no final, a experiência lhes fez um enorme bem. É como se um técnico altamente respeitado falasse ao seu time: "O desempenho de vocês pode ser melhor e eu não ficarei satisfeito até que isso aconteça". Isso fere, mas o impacto, no longo prazo, produz seguidores que, no devido tempo, tornam-se líderes.

• 48 •

AÇÕES CALCULADAS

"Ele tomou o cego pela mão e o levou para fora do povoado."

MARCOS 8.23

É interessante observar que, em determinados momentos, Jesus agiu de forma inesperada. Certamente poderia ter curado o cego na hora, lá mesmo onde estavam, sem precisar mexer um dedo sequer. No entanto, o fato de Jesus não ter agido assim nos fornece uma inestimável lição de liderança.

É de extrema importância que os líderes compreendam que não apenas os resultados imediatos é que contam, mas também o alcance do impacto de tais resultados. Às vezes, será necessário realizar algo "fora da vila" para alcançar o máximo impacto possível. Igualmente, o modo mais fácil nem sempre é o *melhor*.

Esta é a única passagem nos evangelhos (Marcos 8.22-26) na qual Jesus curou em etapas. Compreender a razão disso é algo difícil, pois o texto não é claro a esse respeito. Algumas aplicações óbvias são:

1. Jesus de fato possui o poder de abrir os olhos dos cegos.
2. Ele possui poder para curar tanto imediatamente quanto em etapas.
3. Jesus envolveu-se de um modo pessoal nos problemas daquele homem.
4. Ele solucionou o problema de modo a também ensinar uma lição aos discípulos.

A maioria dos comentaristas afirma que Jesus estava ensinando aos discípulos que eles eram como o homem cego, e este havia sido curado parcialmente. Eles viam a Jesus de modo obscuro, não nitidamente, necessitando de maior iluminação por parte do Espírito Santo, a fim de clarear a visão espiritual deles.

De igual sorte, os líderes atuais não devem ficar chocados com a dificuldade de enxergar o todo demonstrada por seus seguidores. De forma intencional e sistemática, devem aproveitar momentos nos quais podem ensinar a missão geral da organização pelo exemplo.

É válido observar que nesse episódio Jesus estava reagindo a uma necessidade de momento. Curar um homem cego não estava na agenda do dia (em um sentido puramente humano), porém Jesus compreendeu que essa "quebra de protocolo" era, na realidade, uma excelente oportunidade de demonstrar seu poder, sua compaixão e seu compromisso com toda a sua missão. Ele estava "focado", ainda que o incidente pudesse ter parecido uma distração.

> Não apenas os resultados **imediatos** é que contam, mas também o alcance do impacto de tais resultados.

Observe que, em decorrência disso, Jesus instruiu aquele homem para que ele não retornasse à cidade. Com certeza, aquele seria o primeiro lugar que o homem desejaria ir. O fato sugere que o milagre tinha por objetivo não o grande público, mas o benefício dos discípulos.

Líderes sábios como Jesus irão calcular suas ações visando produzir o maior benefício possível e ensinar as mais poderosas lições.

· 49 ·

DE NOVO
na ESTRADA

> "Jesus e os seus discípulos dirigiram-se para os povoados nas proximidades de Cesareia de Filipe."
>
> MARCOS 8.27

Esta passagem (Marcos 8.27-30) está repleta de lições valiosas para todos os líderes. Talvez a primeira delas é que um líder deve ter disposição para ir onde a ação está e para enfrentar uma viagem por uma estrada ruim e difícil. Jesus estava aquartelado em Cafarnaum, mas com frequência o encontramos na estrada. O lugar participante do itinerário desta passagem, Cesareia de Filipe, era uma cidade grega, particularmente pagã, de alguma importância no século I.

Originalmente, Cesareia de Filipe era um centro cananeu de culto a Baal. Mais tarde foi rebatizada em homenagem ao deus grego Pan. Posteriormente, Herodes construiu ali um templo dedicado a César Augusto. Enfim, Herodes Filipe (outro Herodes) expandiu a cidade e a rebatizou novamente em homenagem a si mesmo e ao imperador Tibério César. Portanto, havia uma forte influência grego-romana na cidade e um compromisso ainda mais forte com o culto pagão. Espiritualmente falando, ela estava muito distante das outras cidades e centros de Israel. De fato Jesus estava pisando solo estrangeiro ali.

Jesus, no entanto, não enviou seus discípulos àquela inóspita área apenas para distribuir panfletos, mas os *liderou* até lá. Um líder qualificado vai à frente de suas tropas rumo à batalha. Nem sempre apenas os envia. Ao liderar, esteja alerta para identificar as ocasiões em que a sua presença pode melhor servir à causa. Certo líder corporativo segue uma regra prática:

"A viagem que menos desejo fazer é, provavelmente, aquela que mais devo realizar".

O líder sábio faz a difícil viagem na companhia de seus seguidores. Em quase todas as ocasiões, Jesus viajou com seus discípulos, aproveitando o tempo de jornada para ensiná-los.

> Esteja **alerta** para **identificar** as ocasiões em que a sua **presença** pode melhor **servir** à causa.

Nas três décadas em que trabalhamos para construir a nossa empresa, alguns dos momentos mais proveitosos e recompensadores ocorreram durante as viagens em companhia de nossos colegas mais jovens. Eu credito ao meu parceiro a sabedoria de sugerir que, mesmo quando estando ambos no mesmo avião, passássemos as horas de vôo na companhia de um de nossos associados mais jovens. Aquelas pessoas estão hoje em posições estratégicas. Por diversas vezes, Jesus demonstrou essa mesma lição de liderança.

• 50 •

A PROVA final dos DISCÍPULOS

> "'E vocês?', perguntou ele. 'Quem vocês dizem que eu sou?'"
>
> MARCOS 8.29

A *Ponte do Rio Kwai* é um dos melhores filmes sobre a Segunda Guerra Mundial de todos os tempos. Com intensa dramaticidade, narra uma história que ilustra com que facilidade até mesmo os mais inteligentes e dedicados podem se tornar tão focados em um objetivo secundário que esquecem o primário. No filme em questão, o oficial britânico de um grupo de soldados capturados pelos japoneses torna-se tão obcecado em utilizar a construção da ponte como um modo de manter a disciplina entre os seus homens que se esquece da razão primária de sua presença ali: derrotar os japoneses. Uma ponte seria um grande recurso para os esforços de guerra do Japão. Porém, por ter perdido o foco na importantíssima missão primária, ele não se furta a heróicos esforços para construir a ponte, ajudando, assim, o inimigo.

O notável teólogo e pastor John MacArthur discorre sobre essa perda de visão na igreja. Ao deixar de lado sua missão primária, até mesmo grandes igrejas podem se tornar insignificantes. Quando isso acontece, os chamados comitês de projetos focam em trivialidades como preparar recepcionistas! Nenhuma atenção é dispensada aos não congregados da comunidade, exceto conduzi-los aos assentos, caso eles inadvertidamente entrem no santuário! Após criar ordem e insistir na unidade, manter o foco é a ordem do dia, de todos os dias, para os líderes.

Quando Jesus colocou a pergunta de Marcos 8.29 aos discípulos, sabia de antemão que seria pendurado na cruz. Porém, antes que isso acontecesse, queria conhecer a posição daqueles homens. Assim, teve de abrir o jogo. Estariam com Jesus? Saberiam quem Jesus era realmente? Essa foi a prova final dos discípulos.

Naquele episódio, Jesus recebeu uma maravilhosa e emocionante resposta de Pedro. Em geral, antes daquela ocasião, as respostas a perguntas similares davam a Jesus a certeza de que ainda haveria muito a ser ensinado.

Jesus foi um dos primeiros defensores das pesquisas de opinião. Em sua pergunta, estava aferindo o impacto de sua mensagem e missão. É de extrema importância que o líder não perca o contato com as pessoas mais afetadas por sua liderança. Para fazer isso, deve manter um círculo mais próximo de seguidores que tenham a confiança de lhe contar a verdade.

> Use as respostas **honestas** e **confiáveis** que lhe derem para tornar a sua futura liderança mais eficaz.

Alguns líderes dão sinais de que apenas tolerarão boas notícias, mas este é um terrível erro. O seguidor mais valioso que um líder pode ter é aquele que irá dizer a verdade, doa a quem doer. Quando um líder pergunta "Como está o meu desempenho?" (e esta é uma pergunta que deve ser feita periodicamente), um liderado honesto e confiável está disposto a responder com sinceridade e transparência.

Esforce-se por produzir este tipo de confiança em um grupo de associados mais íntimo, que estarão dispostos a lhe contar tanto as boas quanto as más notícias, sobre o seu desempenho como líder e sobre como as pessoas percebem a eficácia de sua liderança. Use as respostas honestas e confiáveis que lhe derem para tornar a sua futura liderança mais eficaz.

• 51 •

PREPARANDO-SE
para tempos
DIFÍCEIS

> "Então ele começou a ensinar-lhes que era necessário que o Filho do homem sofresse muitas coisas."
>
> MARCOS 8.31

Jesus começou a preparar os discípulos para os dias extremamente difíceis que se aproximavam somente após a grande afirmação de Pedro: "Tu és o Cristo" (Marcos 8.29). Eles começaram a compreender as boas novas sobre quem Jesus era e qual a razão de sua vinda. Agora, aqueles homens precisavam compreender os custos envolvidos, o preço a ser pago, para tomar parte na missão de Cristo.

Até ali, aqueles homens haviam testemunhado as curas, os milagres da multiplicação dos pães e peixes para alimentar a multidão, a expulsão de demônios e até mesmo o controle de Jesus sobre as forças da natureza. Os discípulos também vivenciaram as ocasiões em que o Mestre havia enfrentado os arrogantes fariseus com o poder de suas palavras. Agora, era necessário que estivessem preparados para os inevitáveis dias de tribulação.

A palavra-chave aqui é "inevitável". Os líderes sábios compreendem que em toda empreitada humana, independente do âmbito ou da magnitude, haverá momentos de intensa dificuldade. Os melhores líderes fazem tudo o que está ao seu alcance a fim de preparar os seus seguidores para esses tempos de intensa pressão. Os seguidores jamais devem ser pegos de surpresa pelas dificuldades. Tanto quanto possível, os imprevistos devem sempre ser antecipados. Os liderados jamais devem chegar ao ponto de dizer ao seu líder: "Você nunca nos disse que seria tão difícil".

Ao examinarmos a liderança exercida por Jesus, percebemos que Ele, de forma cristalina e vigorosa, expôs a grande promessa de sua missão: "Sigam-me, e eu os farei pescadores de homens" (Marcos 1.17). Aquele era o momento de mostrar os grandes custos envolvidos: "... era necessário que o Filho do homem sofresse muitas coisas".

Considere a afirmação "era necessário". Ela traz em si a carga de todas as profecias do Antigo Testamento a respeito da vinda de nosso Senhor, e nos relembra que nada do que ocorreu com Jesus foi por acaso. Tudo foi previsto e pré-determinado pelo gracioso plano de Deus; porém ela aponta para sofrimento, dor, humilhação e morte. Seria esse o plano de Deus? De fato era e é, não apenas para Jesus, mas também para todos nós.

Nesse ponto, há muitas verdades para se dizer sobre uma teologia apropriada do sofrimento: Deus permite que seus filhos sofram, todos eles, mais cedo ou mais tarde. Embora a salvação seja gratuita, a estrada que leva ao céu é pavimentada com "muitos perigos, esforços e ameaças".

Perceba também que Jesus foi muito específico a esse respeito, dizendo que era necessário que "fosse rejeitado pelos líderes religiosos, pelos chefes dos sacerdotes e pelos mestres da lei, fosse morto e três dias depois ressuscitasse" (Marcos 8.31). Tal especificidade, com certeza, oprimiu fortemente a mente dos discípulos. Uma coisa é dizer: "Eu tenho um mau pressentimento". Outra, bem diferente, é afirmar: "Na próxima sexta-feira, às dezesseis horas, serei eletrocutado". O fato de Jesus poder asseverar tais coisas revela algo sobre o controle que tinha sobre as circunstâncias e sobre a confiança que depositava em seus discípulos. Embora os discípulos não compreendessem completamente o que Ele estava dizendo, Jesus havia começado a desvendar o lado sombrio do futuro.

Enfim, Jesus também fez menção à sua ressurreição, um fato que os discípulos compreenderam menos ainda que a sua crucificação. Por não acreditarem que Jesus seria de fato morto, a ressurreição estava além da compreensão deles. A simples menção da ressurreição foi um meio de dar uma esperança aos seus seguidores: "Aqui está a luz no fim do túnel". De fato, é um túnel muito escuro, mas que radiante luz brilha do túmulo vazio!

Os seguidores devem estar cientes dos riscos e ganhos envolvidos, pois quanto maior o risco, maior o lucro. Igualmente, devem saber que não é possível evitar todos os riscos, de modo que não seria tolice assumir riscos em prol de uma causa grandiosa e excitante. Como Jim Elliot, o grande mártir missionário, afirmou: "Não é tolo aquele que dá o que não pode manter para ganhar o que não pode perder".

Os líderes atuais precisam articular *ambas* as mensagens, de maneira convincente e poderosa.

Quando seguem o exemplo de Jesus Cristo, os líderes ensinam e demonstram as estimulantes possibilidades do esforço ao qual estão comprometidos. Os seguidores e os potenciais seguidores obterão uma visão realista e clara das recompensas provenientes do sucesso.

Isso serve de motivação e incentivo aos liderados. Um líder, entretanto, também deve expor no momento certo os custos necessários para se alcançar aquele sucesso: "Para atingirmos nosso objetivo, todos nós teremos de nos esforçar ao máximo. Longas horas de trabalho e cansativas viagens estão envolvidas. Não será uma jornada fácil".

Mesmo a possibilidade de um fracasso devem ser mencionada. "Como isso nunca foi tentado, mesmo nos esforçando ao máximo é possível que fracassemos" são palavras de alerta a serem consideradas.

Todos conhecemos a filosofia que diz: "Não vamos nem mesmo considerar o fracasso. Não permitiremos que isso aconteça". Isso soa como um *slogan*, mas não retrata a realidade dos empreendimentos humanos. Ainda que nenhum líder planeje falhar, muitos fracassam. Quase todos falham em um ponto ou outro. Contudo, o melhor e mais sábio prepara os seus seguidores para essa possibilidade, enquanto, ao mesmo tempo, lidera e motiva rumo ao sucesso.

Jesus ensinou sobre ambos: o sucesso e o fracasso. Ele expôs as recompensas a serem obtidas, bem como os custos envolvidos na conquista. Ele certificou-se de que haveria um mínimo de surpresas desagradáveis. Que grande liderança!

> ... o **melhor** e mais **sábio** [líder] **prepara** os seus seguidores para [o fracasso], enquanto, ao mesmo tempo, **lidera** e **motiva** rumo ao sucesso.

• 52 •

AMOR CONTUNDENTE

> "Jesus, porém, voltou-se, olhou para os seus discípulos e repreendeu Pedro, dizendo: 'Para trás de mim, Satanás! Você não pensa nas coisas de Deus, mas nas dos homens'."
>
> MARCOS 8.33

Em nosso mundo sensível e politicamente correto, onde edificar a autoestima de uma pessoa é considerado o objetivo mais elevado de um professor ou líder, mesmo o verbo "repreender" soa arcaico. A gestão moderna e a teoria da liderança de hoje não suportariam o tipo veemente de repreensão feita a Pedro por Jesus. Não foi um convite piegas do tipo "vamos sentar e conversar a respeito" ou "vamos ver como podemos chegar a um consenso". Não foi um momento do tipo "Eu estou Ok, você está Ok", conforme reza a análise transacional. Pelo contrário, foi uma reprimenda enfática, expressa de maneira vigorosa e severa.

A exclamação incluída por Marcos na passagem bíblica está lá para mostrar que aquele foi, de fato, um pronunciamento enérgico. Além disso, foi feito em público, sem poupar os sentimentos alheios. Como anteriormente mencionado, uma repreensão, mesmo contundente como essa, é um dispositivo de liderança poderoso e valioso.

É importante olhar, no entanto, para alguns detalhes envolvidos na repreensão feita por Jesus a Pedro. Talvez o mais importante a ser mencionado é a sua raridade. Esse tipo de censura, longe de representar o padrão de liderança de Cristo, foi singular. Isso se somou ao seu grande efeito.

Alguns líderes corporativos costumam fazer uso constante e diário de repreensões da magnitude e da intensidade da que abordamos aqui. Como resultado, as pessoas se cansam delas e passam a procurar outras colocações.

Por outro lado, o meu treinador de basquete na faculdade era o extremo oposto. Raramente elevava o tom de voz, mas em certas ocasiões, quando nosso time perdia a concentração e a disciplina, ele realmente a usava. Sua única reprimenda fazia efeito pelo ano todo! Os que foram submetidos a ela ainda comentam sobre isso, passados mais de quarenta anos. A lição é óbvia: utilize-se com parcimônia da repreensão mais enérgica.

Em segundo lugar, é extremamente vital discernir sobre a pessoa a ser repreendida. Pedro, por ser alguém ousado, impetuoso e autoconfiante, podia receber aquele tipo de repreensão e reagir, embora, certamente, com desgosto, retornando mais forte que nunca dessa experiência.

> **Reserve** suas **censuras** mais contundentes para os seus seguidores mais fortes. Use-as para **edificação**, não para **destruição**.

Jesus não repreendeu Pedro com o objetivo de destruí-lo, mas de edificá-lo. Esse tipo de repreensão, entretanto, poderia ter acabado com João, por este ser um discípulo muito mais sensível. Reserve suas censuras mais contundentes para os seus seguidores mais fortes. Use-as para edificação, não para destruição.

Do mesmo modo, utilize-as onde produzirão um efeito positivo. A Escritura revela que Jesus repreendeu Pedro após voltar-se e olhar para os discípulos. Decerto, o alvo de sua repreensão era Pedro, mas a lição foi obviamente direcionada para todo o grupo. Assim, com toda a certeza, os demais discípulos, sem exceção, muito aprenderam a partir da admoestação direcionada a Pedro.

Naquele episódio, uma das mais importantes e poderosas lições foi que Jesus, como líder, demonstrou que nenhum de seus seguidores estava livre de censura. Mesmo Pedro, que recebeu grande estímulo de Jesus, ainda era um discípulo passível de correção. Em todos os tipos de empreendimentos, os que são mais próximos do líder costumam ser os que mais necessitam de uma admoestação, inclusive pública. Há situações em que precisam ser "chacoalhados". Quando isso não acontece, em geral, há problemas que poderiam ser perfeitamente evitados, caso houvesse uma repreensão no momento e no lugar certos.

Um professor da educação infantil, talentoso e experiente, lembra os dias em que alunos malcomportados eram disciplinados fisicamente — algumas vezes em frente aos colegas de classe e, em geral, no corredor. Por que no corredor? Porque o som da palmatória podia ser ouvido em muitas outras salas de aula. O professor comentou sobre o silêncio que tomava conta do lugar quando dava palmadas nos fundilhos de algum aluno rebelde. "Eu podia disciplinar um aluno e, ao mesmo tempo, fazer outros trezentos permanecerem sentados em suas respectivas carteiras", acrescentou. Repreensões, quando realizadas de forma adequada, beneficiam muitos outros além daquele que está sendo disciplinado.

No entanto, também devemos perguntar: por que razão Pedro falou daquele modo com Jesus? O versículo 32 nos revela que Jesus estava falando "claramente" sobre seus futuros sofrimentos. É possível que Pedro tenha achado que Jesus estava sendo ousado, honesto e franco um pouco além da conta. Talvez tenha considerado que, agindo assim, Jesus apenas desencorajaria os demais. Provavelmente pensou consigo mesmo: "Eu consigo lidar com isso, mas Tomé não, e Simão, o zelote, vai querer começar uma revolução em Jerusalém. É melhor aconselhar a Jesus para deixar um pouco de lado toda essa conversa sobre morte, por enquanto". Além disso, Pedro lidou com aquela situação de modo adequado, pois chamou Jesus à parte e lhe falou em particular. É exatamente assim que um subordinado deve sempre falar com seu líder em situação similar.

Tal detalhe é o que torna a repreensão de Jesus tão inesperada. Tenho certeza de que Pedro ficou perturbado. Tal atitude de Jesus pareceu um tanto quanto injusta e indelicada. E *seria*, a não ser que importantes questões estivessem em jogo. Se Pedro tivesse obtido êxito, a missão de Jesus não teria sido cumprida. Todo o propósito de sua vinda a este mundo teria sido malogrado. Isso mostra quão facilmente um líder-chave pode — ainda que cheio de boas intenções — perder de vista o todo e lançar a organização em rota errada. Era imperativo que Jesus fizesse o que fez, ferindo suscetibilidades ou não, para o bem não somente de Pedro, mas de todos os seus discípulos — que talvez estivessem pensando o mesmo, mas não tiveram coragem suficiente para se expressar.

Finalmente, considere a frase: "Para trás de mim, Satanás!". Parece rude, até cuel; mas, na verdade, Pedro estava repetindo (inadvertidamente) a tentação anterior de Satanás no deserto para dissuadir a Jesus de sua missão de salvação. Ao chamá-lo de "Satanás", Jesus indicou a fonte das ideias equivocadas de Pedro e, em um certo sentido, enfatizou o caminho rumo ao perdão e à restauração. "Pedro, você não compreende que eu devo morrer? Se você se opuser a isso, estará, na verdade, fazendo a obra de Satanás. E, se você quiser me seguir, deve saber que eu terminarei pendurado na cruz. Não há outro jeito."

Imagine que Jesus tivesse dito: "Para trás de mim, Pedro!" Tal palavra teria sido milhares de vezes pior, porque seria uma rejeição pessoal do homem, não simplesmente de suas ideias desorientadas. Portanto, havia graça por trás dessa repriminda, ainda que fosse contundente.

Uma forte repreensão em público não deve ser feita a esmo, mas sim pela mais importante das razões. A admoestação de Jesus a Pedro foi dada apenas quando a própria essência de sua missão foi ameaçada pelo discípulo. Por isso fez-se necessária uma repreensão de forma direta, objetiva e inquestionável. E Jesus não titubeou.

Uma das lições mais importantes sobre liderança foi que Jesus havia "adquirido" o direito de repreender. Cristo havia demonstrado seu cuidado para com Pedro desde o instante em que lhe fez o chamado para segui-lo, ao curar a sua sogra, ao permitir que Pedro testemunhasse muitos milagres, ao chamá-lo em separado para um ensinamento especial. Pedro tinha ciência de que Jesus o amava e que mesmo esse tipo de repreensão foi feito em amor. Um amor contundente, talvez, mas ainda assim amor.

Ao liderarmos, quando a necessidade de uma repreensão for inquestionável, precisamos estar certos de que conquistamos o direito de fazê-la. Nossa liderança deve o suficiente para que tanto nosso comprometimento com a missão quanto o cuidado com nossos seguidores sejam claramente demonstrados. Aí então poderíamos considerar o tipo de repreensão utilizada por Jesus em relação a Pedro.

Mesmo com todas as condições, considerações e advertências, os líderes jamais devem esquecer a importância de uma contundente repreensão. Pode não ser uma técnica de liderança das mais corretas, politicamente falando, mas é deveras eficaz. Jesus demonstrou essa verdade, e Ele é o maior líder de todos os tempos.

• 53 •

INSPIRANDO com PALAVRAS

"*Se alguém quiser acompanhar-me, negue-se a si mesmo, tome a sua cruz e siga-me.*"

Marcos 8.34

Muitos líderes negligenciam a arte da oratória. Esse é um grande erro, pois, além de inspiradora, trata-se de uma habilidade que todos podem desenvolver. Prática, trabalho e determinação podem tornar qualquer líder um orador melhor e, portanto, mais eficaz.

Jesus fez uso da oratória em público como uma de suas ferramentas primárias de liderança, com o objetivo de instruir — como no Sermão do Monte e quando convocou a multidão para lhes falar sobre coisas puras e impuras —, inspirar e desafiar, como na passagem citada aqui. Ao longo dos séculos, os líderes têm se beneficiado do exemplo de Cristo. Diz-se que Abraham Lincoln, talvez o mais eficaz de todos os oradores políticos americanos, moldou a sua oratória nos discursos de Jesus. Os líderes de hoje devem fazer o mesmo.

Note que a contundente repreensão feita por Jesus a Pedro, embora na presença dos demais discípulos, não foi realizada diante do público geral (que, de qualquer maneira, não compreenderia a atitude de Jesus). Antes de "chamar a multidão" para reunir-se e ouvir (Marcos 8.34), Jesus já havia finalizado as tarefas "internas" de assegurar a compreensão de seus homens--chave e revelar o sofrimento que logo viria.

Assim sendo, observe o método utilizado por Jesus para atrair a atenção da multidão. Primeiro, tangência sua própria popularidade junto às massas: "Se alguém quiser acompanhar-me...".

Tal afirmação apenas faria sentido se as pessoas já estivessem atraídas por sua causa; mas, qual era o preço de se tornar um seguidor? Abnegação e morte.

"Tome a sua cruz" acabou se tornando um tipo de provérbio nos círculos cristãos, de tal forma que esquecemos o quão radical deve ter soado no século I. A cruz era um instrumento romano de tortura. Por vezes, as estradas ao redor de Jerusalém eram ladeadas por centenas de cruzes, exibindo homens moribundos ou já mortos, com os corpos já deformados pela exposição ao sol, rodeados de moscas e cobertos de larvas. Não é um pensamento bonito ou uma imagem a ser usada para atrair as multidões. Não obstante, foi essa a imagem que Jesus trouxe à mente dos ouvintes.

> Muitos oradores [...] seriam muito mais eficazes se **falassem menos** e se expressassem de um modo mais simples e direto.

Nos tempos de Jesus, criminosos condenados eram obrigados a carregar a cruz para o lugar de sua própria execução. Aqui, Cristo estava chamando homens a vir e morrer a seu serviço. Não nos damos conta do impacto de suas palavras. Ele conclama seus seguidores a um heróico esforço contra a oposição, o sofrimento, a dor e a morte que, por certo, todos enfrentariam. Nem todos estariam dispostos a pagar o preço. Por essa razão, ao expor os riscos de maneira tão ousada e clara, Jesus se adiantou na linha de frente.

Grandes oradores compreendem que as pessoas reagem a um grande desafio, mesmo que ele envolva um grande sacrifício pessoal, quando (1) acreditam na pessoa que faz o desafio, (2) veem o desafio como algo válido, e (3) o desafio não é "açucarado", mas exposto de modo completo e inesquecível. Muitos oradores falam por meio de rodeios e "douram a pílula", quando seriam muito mais eficazes se falassem menos e se expressassem de um modo mais simples e direto.

Se você quer ser um bom orador, peça a alguém de sua inteira confiança para avaliar e tecer críticas aos seus discursos. Assegure-se de que seja alguém "de opinião", de modo a receber um retorno franco e honesto. Jesus não precisava de um crítico, pois ele sabia o quanto era eficiente. No entanto, nenhum de nós pode ter essa certeza.

Seja um orador inspirador e desafiador, pois essa é uma habilidade que vale a pena desenvolver. Utilize os discursos de Jesus como modelo para os seus.

• 54 •

CULTIVANDO a LEALDADE

"Se alguém se envergonhar de mim e das minhas palavras nesta geração adúltera e pecadora, o Filho do homem se envergonhará dele quando vier na glória de seu Pai com os santos anjos."

Marcos 8.38

É interessante considerar o pano de fundo desse versículo. Do ponto de vista dos discípulos, havia muitas razões para se envergonhar de Jesus. Primeiro, faltava-lhe o apoio do sistema religioso e político da época e, portanto, Jesus era um intruso. Em vez de liderar uma revolta popular, Ele anunciava um reino espiritual que demandava abnegação e sacrifício — algo repugnante aos judeus do século I. Além disso, o próprio Jesus havia vaticinado sobre seu sofrimento e morte vindoura — fatores que não aumentariam sua popularidade. Assim, essas palavras estavam longe de ser mera retórica.

Como um bom líder, Jesus sabia que seria fácil àqueles homens simplesmente desistirem e seguirem outro caminho. Porém, perceba a promessa implícita em suas palavras. Os que permanecessem a seu lado compartilhariam de sua vitória no fim dos tempos.

Finalmente, considere como este apelo é pessoal. *Se você se envergonha de mim, eu me envergonharei de você.* Trata-se da estreita ligação entre os melhores líderes e seus comandados. No fim, os grandes líderes inspirarão uma lealdade tão profunda e pessoal que um homem preferirá morrer a dar motivos para seu herói se envergonhar dele. Esse foi o tipo de desafio que levou os homens do Forte Álamo a morrer pelo Texas e a razão pela qual cerca de novecentos judeus cometeram suicídio em Massada. Melhor é morrer pela causa do que viver em vergonha.

A lealdade, como a unidade (da qual é íntima aliada), é uma necessidade imperativa e absoluta à liderança. É algo que um líder deve esperar e no qual deve ser capaz de confiar. Sem lealdade o relacionamento entre líder e liderado é impossível. O líder deve cultivar e recompensar a lealdade, bem como deve punir e expulsar os desleais. Isso pode soar severo demais, porém essa é a lição de liderança de Jesus.

Lealdade não significa uma devoção cega e sem critério. Isso é culto, e ninguém além de Jesus é digno de culto. Os líderes cometem um erro grave quando exercitam um tipo de liderança que requer submissão absoluta. Quando isso acontece, a liderança descamba para a paranoia, e isso não é lealdade.

> O líder **sábio** está sempre disposto a **responder** a **questões honestas** e lidar com discordâncias **sinceras**.

A lealdade é exercida, sobretudo, fora do grupo. Algumas vezes a atitude mais leal que um comandado pode fazer é discordar abertamente de seu líder. Por se importar tanto com o líder quanto com a missão é que ele se dispõe a dizer: "Espere um minuto. Em meu ponto de vista, creio que estamos cometendo um erro aqui. Por favor, explique-me por que esta é a melhor diretriz". Questionamentos como esse, aberta e francamente colocados ao líder, não constituem deslealdade. O líder sábio está sempre disposto a responder a questões honestas e a lidar com discordâncias sinceras. Tal postura edifica e fortalece tanto a lealdade como a unidade.

Na verdade, a deslealdade se mostra dentro do grupo quando questões e discordâncias não são abertamente expostas e discutidas. Essa atitude dissemina a desunião e deve ser desencorajada. Há no entanto, um tipo de deslealdade ainda mais sério que ocorre quando os seguidores não apoiam o líder nem a missão fora do grupo, especialmente sob oposição ou competição. Era sobre esse tipo de situação que Jesus estava alertando, na passagem citada. Quando um liderado é desleal, desabonando o líder ou o empreendimento, ele não é mais um seguidor e deve ser tratado como tal. Assim, a não ser que, ou até que, a deslealdade seja liquidada e a pessoa restaurada, como ocorreria com Pedro mais adiante, esta deve ser expulsa e mantida fora do grupo.

Um líder não pode e não deve tolerar a deslealdade. Jesus não a tolerou.

• 55 •

Por que a INTIMIDADE é IMPORTANTE?

> "Seis dias depois, Jesus tomou consigo Pedro, Tiago e João e os levou a um alto monte, onde ficaram a sós."
>
> Marcos 9.2

Marcos não conta por que Jesus tomou a Tiago, Pedro e João e os levou para o monte. Sabemos, no entanto, que eles parecem fazer parte do círculo mais íntimo de Jesus desde os primeiros dias de seu ministério. Eles estavam entre os primeiros seguidores, presenciaram alguns milagres que os demais não testemunharam e sempre foram mencionados no início de todas as listas sobre os apóstolos. Tais fatos sugerem que Jesus estabeleceu um relacionamento mais íntimo com aqueles três homens desde o princípio — uma relação que os demais discípulos reconheciam, ainda que não compreendessem totalmente.

Observe que Jesus não fornece qualquer explicação sobre o chamado desses três homens. Por certo, Ele os via como representantes dos outros e sabia que relatariam aos demais o que tinham vivenciado. A essa altura do ministério de Jesus, os outros nove sabiam que Tiago, Pedro e João gozavam de um relacionamento mais íntimo com o Senhor, de modo que nenhuma explicação era necessária. De qualquer forma, nenhum líder é capaz de explicar totalmente por que sente mais empatia por uma pessoa e não por outra. Na maioria dos casos, é melhor nem tentar explicar.

A falta de intimidade é uma das maiores causas de fracasso na liderança. Por melhores que sejam, líderes abreviam seu mandato ou realizam menos do que poderiam quando falham em estabelecer relacionamentos íntimos com pessoas-chave, um núcleo de seguidores. Eu mesmo experimentei algo assim, quando busquei, com outros liderados, o aprofundamento das relações com o líder, não visando um ganho pessoal, mas o bem dele e da empresa — recebendo apenas rejeição em troca. O líder que tenta ir sozinho quase nunca obtém os melhores resultados.

A própria natureza da liderança exige um certo distanciamento entre o líder e a sua equipe, pois é impossível liderar e ser íntimo de todos. Não obstante, a mesma natureza da liderança requer um relacionamento mais íntimo e próximo, caracterizado por um certo grau de vulnerabilidade, pelo menos com *alguns* dos liderados. Da mesma forma, quanto mais exigente, complexa e estressante for a empreitada, tanto mais intimidade com um pequeno núcleo dos comandados se faz necessária. Certamente, em uma igreja, escola, equipe, assim como em quase todas as atividades de negócios, exige-se que o líder desenvolva uma intimidade com um círculo menor dentre seus liderados, a fim de produzir o máximo sucesso a todos os envolvidos. Aceitar o clichê "O topo é solitário" é aceitar um estilo de liderança que produzirá bem menos do que é capaz.

Pastores, mesmo em grandes igrejas, estão entre os líderes que descobrem ser extremamente difícil estabelecer uma relação profunda, honesta e próxima com um núcleo de membros. Em alguns casos, quanto mais talentoso o pastor é em seu ministério, maior é a possibilidade de isolamento — receita para a dificuldade e até para a tragédia. De todos os líderes, os pastores são os que mais necessitam da amizade, do apoio e da crítica honesta

> O líder que tenta **ir sozinho quase nunca** obtém os melhores **resultados**.

e construtiva que um grupo mais próximo pode oferecer. Para verificar o lado positivo disso, sugiro o livro *Unveiled Hope* [Esperança revelada], de Scotty Smith e Michael Card. Eles contam como a dinâmica igreja Christ Community, em Franklin, Tennessee, foi edificada no ideal de intimidade e acessibilidade.

Líderes que receiam a intimidade utilizarão várias desculpas para evitá-la. Uma das mais comuns, em especial no seio da igreja, é esta: "Eu não posso demonstrar qualquer tipo de preferência por uma pessoa ou um pequeno grupo. Devo tratar a todos com equidade". Não só tal afirmação é absurda, como também é antibíblica.

Os resultados do investimento de Jesus neste relacionamento mais próximo com Pedro, Tiago e João são evidentes. Tiago foi o primeiro discípulo a ser morto por seu compromisso com Jesus. João prosseguiu na missão, escrevendo seu evangelho, três cartas e o maravilhoso livro de apocalipse. Por fim, Pedro, tornou-se com Paulo um dos mais proeminentes líderes da igreja. No devido tempo, todos os discípulos tornaram-se líderes da igreja primitiva, porém esses três se destacaram dos demais. Jesus já o sabia, por isso os escolheu para compartilharem com Ele a íntima experiência da transfiguração, relatada em Marcos 9.2-8.

Os líderes devem desenvolver um grupo mais íntimo de comandados, nos quais confiem e dos quais esperem obter uma crítica honesta e um apoio sincero. Estabelecer tal grupo não é tarefa das mais fáceis. Pode haver ajustes e reinícios. Alguns que optam por esse posicionamento talvez ainda não estejam preparados para o tipo de relacionamento exigido. Tal inadequação pode envolver alguma dor. Seja qual for o caso, sempre vale a pena buscar uma relação mais próxima. Na verdade, sem ela uma liderança duradoura e qualitativa não é possível.

• 56 •

PERMANECENDO no TOPO

"Então Pedro disse a Jesus: 'Mestre, é bom estarmos aqui'."

MARCOS 9.5

Como Pedro, não preferiríamos todos nós ficar na monte, desfrutando a companhia do Senhor? Em defesa de Pedro, quem não gostaria de permanecer ali, quando coisas tão maravilhosas estão acontecendo?

Tente imaginar o cenário. Eles estão no cume do monte, quando, de uma hora para a outra, Pedro vê Jesus radical e maravilhosamente transfigurado. Então, de modo igualmente inesperado, Moisés e Elias aparecem, vindos do nada. O que aqueles homens estão fazendo ali? Claro, a presença deles serve para confirmar que Jesus é, de fato, o Messias prometido do Antigo Testamento. Eles não apareceram para o bem de Jesus, mas de Tiago, Pedro e João.

A reação de Pedro é compreensível à luz daqueles acontecimentos. Ele não fazia a menor ideia do que tudo aquilo significava, mas sua primeira afirmação é certamente verdadeira: "Mestre, é bom estarmos aqui". A maioria dos comentaristas sugere que as palavras de Pedro, mencionadas adiante no versículo 5, sobre construir tendas ou tabernáculos era uma tentativa velada de desfrutar da glória de Cristo sem passar por sofrimentos. Podemos dizer que a atitude dele foi compreensível, mas

> Há sempre um tempo para **trabalhar** e um **tempo** para **desfrutar** dos frutos desse trabalho.

claramente equivocada, pois Jesus já havia lhes dito que seus sofrimentos precederiam sua futura vinda em glória.

Há sempre um tempo para trabalhar e um tempo para desfrutar do trabalho. Primeiro a cruz, depois a ressurreição. Esse é o padrão de Deus, e tal ordem jamais pode ser revertida.

Pedro teve dificuldade para aceitar que seu mestre teria de morrer, procurando assim qualquer razão possível para evitar o cumprimento desse terrível destino. Foi, no entanto, um sentimento equivocado de amor e lealdade que o levou a dizer tais coisas. Por isso, mesmo em suas severas repreensões, Jesus jamais rejeitou a Pedro, mas sempre o reconduzia para a missão. Isso significa desfrutar do monte enquanto se está lá, mas é preciso retornar ao vale onde a cruz nos espera.

O sucesso e a prosperidade não encontram sempre a mesma recepção. Para alguns, apenas aumentam o apetite; são agentes revitalizantes. Para outros, no entanto, produzem autossatisfação e complacência debilitante. Os verdadeiros líderes, em particular os que atuam nas igrejas, não estão lá para manter o *status quo*, mas para levar a novos progressos e novas vitórias. Infelizmente, é justo na igreja que isso parece mais difícil. Em nenhum outro segmento da sociedade a complacência é um problema tão grave. No seio da igreja nos Estados Unidos, as discussões mais acaloradas hoje giram em torno do quê? — estilos de culto! Tais discussões *deveriam* versar sobre como alcançar o perdido, como ser "sal" no mundo de hoje, como fazer discípulos. Esse foco errôneo é a versão atualizada da afirmação de Pedro: "Façamos três tendas".

Líderes vigorosos e firmes, conforme o exemplo de liderança que Jesus nos oferece, jamais cedem a esse tipo de complacência, mas utilizam as situações como alavanca para prosseguir, agindo ou movendo outros. Ao mesmo tempo em que buscam sinais de complacência em seus comandados, os líderes devem olhar para si mesmos com cuidado.

Quando levou os discípulos de volta ao vale, Jesus os ensinou, equipando-os para a tarefa que viria. A assombrosa magnificência da transfiguração proveu o momento didático supremo. Jesus aproveitou ao máximo essa experiência. Ele os fez terem a certeza de que era chegada a hora de agir. Afinal, Jesus estava lá, e Ele era tudo de que os discípulos necessitavam para assumir a tarefa.

Isso é liderança real. Os líderes atuais, em particular os da igreja, precisam auxiliar os seus seguidores a compreender que hoje é o dia da salvação. Não apenas João Batista havia vindo, mas Jesus também veio e concluiu a sua poderosa obra. Além disso, o Espírito Santo já desceu trazendo poder e direção. Esta não é a hora de levantar tendas e se refugiar, mas é a hora de agir em fé, com vigor e determinação.

• 57 •

O poder das AFIRMAÇÕES EXTERNAS

"A seguir apareceu uma nuvem e os envolveu, e dela saiu uma voz, que disse: 'Este é o meu Filho amado. Ouçam-no!'."

MARCOS 9.7

Jesus tinha uma razão especial para chamar Pedro, Tiago e João para testemunharem a transfiguração e ouvirem a voz vinda da nuvem. Jesus estava-lhes fornecendo de modo consistente uma base para acreditarem nas coisas incríveis que Ele lhes revelava. Em particular, Jesus os preparava para os tempos angustiantes que, àquela altura, estavam bem próximos.

Foi uma atitude muito benéfica aos discípulos, pois mesmo com todos os milagres realizados na presença deles, mesmo com o brilhante ensino que ouviram, mesmo com a assombrosa e transcendente experiência da transfiguração, a fé deles balançou e foi sufocada ou, pelo menos, a chama ficou muito reduzida quando Jesus foi preso e crucificado.

Claro que a transfiguração provocou um tremendo impacto em Pedro, que mencionou esse evento cerca de trinta anos depois, próximo ao fim de sua vida. Em 2Pedro 1.16-18, o apóstolo relembra o importante evento, usando-o como argumento em defesa da verdade do evangelho. Estava convencido da veracidade do evangelho porque havia ouvido a voz vinda do céu, palavras que jamais esqueceria. Portanto, argumentava ele, suas palavras eram dignas de crédito, pois era testemunha dos acontecimentos no monte. Pedro viu os eventos e ouviu a voz de Deus. As palavras divinas eram-lhe tão reais em sua velhice como o foram na primeira vez em que as ouviu.

Foi por essa razão que Jesus levou a Pedro ao cume do monte. Pretendia que o discípulo jamais se esquecesse daquele momento, e isso de fato aconteceu. Esta é uma característica da liderança perfeita: um senso perfeito de tempo, somado a uma impressão indelével, que perduraria muito tempo após o líder sair de cena.

Sem agir em benefício próprio, um líder precisa edificar sua estatura entre os liderados. Isso precisa ser feito, sobretudo, por meio de um claro e inquestionável comprometimento com os comandados e com a missão que todos compartilham. Um líder sábio, entretanto, também buscará identificar oportunidades de confirmações externas de sua competência junto aos que lidera.

> Esta é uma característica da liderança perfeita: **um senso perfeito de tempo**, somado a uma impressão indelével, que perduraria muito tempo após o líder sair de cena.

Quando um líder é solicitado a falar para um outro grupo, é importante levar consigo um ou dois integrantes de sua equipe, de modo que todos possam testemunhar a estima e o apreço que ele desfruta entre os demais grupos. Assim como Pedro, Tiago e João certamente fizeram, eles passarão adiante o que viram e ouviram aos outros integrantes do grupo. Se uma honraria, como um prêmio de uma organização ou um título de doutorado, é outorgada a um líder, essa é uma grande oportunidade para a presença e, se possível, a participação de alguns liderados.

Uma das razões mais importantes para um líder conceder entrevistas na mídia e aceitar escrever artigos é capacitar os seus seguidores a ouvir ou ler o que é dito ou escrito. O público mais importante é aquele formado por membros da própria organização. "Você viu o que saiu na imprensa sobre o chefe?" ou "Viu o chefe na televisão ontem à noite?" são comentários que auxiliarão no estabelecimento de um lugar para o líder entre os liderados.

Como em tudo na vida, é preciso equilíbrio e discernimento. Um líder não deseja ser visto como um caçador de holofotes; mas, se realizada de forma cuidadosa, tendo como objetivo o fortalecimento de sua liderança e o progresso da causa, a exposição positiva é inestimável.

É claro que Jesus não foi, de maneira alguma, um líder egomaníaco. Não obstante, fez questão de companhia durante a experiência da transfiguração, pois não queria desperdiçar o potencial de ensino de tal evento. Essa é uma importante lição que todo líder deve aprender.

• 58 •

Controle o
FLUXO de
INFORMAÇÕES

"Enquanto desciam do monte, Jesus lhes ordenou que não contassem a ninguém o que tinham visto, até que o Filho do homem tivesse ressuscitado dos mortos."

MARCOS 9.9

Os discípulos não entenderam o que significava "até que o Filho do homem tivesse ressuscitado dos mortos". Tal afirmação só parece simples porque hoje sabemos que o túmulo foi encontrado vazio. Nós o aceitamos pela fé. Nenhum de nós presenciou uma pessoa levantar-se dentre os mortos.

Portanto, os discípulos eram totalmente ignorantes quanto a isso, talvez até se questionavam se Jesus fazia referência a alguma futura ressurreição geral dos mortos, no fim dos tempos, ou se a frase tinha algum sentido de "ressurreição espiritual". Naquele momento do ministério de Jesus, os discípulos não tinham como compreender a morte pessoal de Jesus, tampouco sua ressurreição corpórea, física — em que pese haver claramente predito ambos os eventos.

Há coisas que não podem ser compreendidas antes do tempo e contexto apropriados. Na ocasião, a transfiguração pareceu ser um evento incrível, porém isolado, que não se "encaixou" até que Jesus ressuscitasse. Então, e somente então, os discípulos compreenderam aquele evento como uma prefiguração do derradeiro retorno de Jesus a este mundo, em poder e grande glória.

Jesus sabia que os três discípulos não eram capazes de compreender a transfiguração e a sua importância. Sabia que não eram, naquele instante, capazes de transmitir adequadamente tal significado aos demais. Nessa passagem, novamente vemos Jesus gerenciando o fluxo de informações. Ele próprio tinha uma compreensão cabal e perfeita do tempo e de como melhor utilizar os fatos que tinha em mãos. De igual sorte, os líderes atuais precisam seguir seu exemplo o máximo possível.

Jesus fornece um padrão ideal para os líderes seguirem. Liberar uma informação que ainda não está plenamente compreensível, com implicações ainda obscuras, é criar dúvida e confusão, ao invés de confiança e progresso. O líder sábio precisa compreender quão preciosa é a informação. É necessário que seja vista como um recurso perecível, a ser utilizado "quando estiver no ponto certo" e não ainda "verde".

Tal conceito é tão bem compreendido nos círculos financeiros que há leis extremamente severas regulando a liberação de informação. Nas últimas décadas, destacados financistas tiveram suas prisões decretadas por uso inadequado de informações, manipulando a liberação delas em benefício próprio e prejudicando a outros. Corporações que têm grandes anúncios a fazer devem aguardar o fechamento das bolsas antes de torná-los públicos, permitindo o tempo apropriado para que todos sejam notificados e reajam de maneira ordenada.

Claro que Jesus valeu-se das informações e notícias que Ele mesmo criou em prol do avanço de sua causa, a mais nobre causa já concebida. Tendo Jesus como exemplo supremo, os líderes sábios trabalharão continuamente, visando refinar a sua percepção do momento certo e as suas habilidades de comunicação.

> Liberar uma **informação** que ainda **não** está plenamente compreensível, com implicações ainda obscuras, é criar **dúvida** e **confusão**, ao invés de **confiança** e **progresso**.

• 59 •

LIBERDADE para FALHAR

"Pedi aos teus discípulos que expulsassem o espírito, mas eles não conseguiram."

MARCOS 9.18

Líderes competentes reconhecem a importância de dar aos seus liderados a chance de falharem, reconhecendo que o fracasso, via de regra, educa mais que o sucesso. Afinal de contas, se os discípulos tivessem operado o milagre por eles mesmos (Marcos 9.14-18), provavelmente se encheriam de orgulho. No entanto, ao permitir que falhassem — de modo público e visível — Jesus os humilhou e os fez desejarem ouvir o que Ele tinha a dizer.

> Por vezes, os líderes devem deixar que os membros de sua equipe obtenham **fracasso** ou **sucesso** por **conta própria**, estando **pronto a ajudá-los**, seja qual for o resultado.

É bom que se perceba também que essa "falha" aconteceu logo após a transfiguração, constituindo, dessa forma, um lembrete marcante de que as experiências do cume do monte não podem substituir a simples fé em Deus, como expressa em oração. Talvez os demais discípulos tenham sentido um pouco de arrogância após Pedro, Tiago e João compartilharem o que haviam presenciado e ouvido. Se isso ocorreu, aquela humilhante falha rapidamente os devolveu à realidade.

Por vezes, os líderes devem deixar que os membros de sua equipe obtenham fracasso ou sucesso por conta própria, estando pronto a ajudá-los, seja qual for o resultado. E, por vezes, devem deixar que falhem em público, o que (por implicação) embaraçará seus líderes também.

Mantenha o alvo em foco. O que você deseja é líderes que possam reproduzir a si mesmos em outras pessoas, o que significa desfrutar da confiança de tomar decisões, mesmo correndo o risco de fracassar ocasionalmente.

· 60 ·

INSPIRE a FÉ

> "'Se podes?', disse Jesus. 'Tudo é possível àquele que crê'."
>
> MARCOS 9.23

Jesus sempre enfatizou o poder das palavras — palavras certas para a ocasião certa — demonstrando que a liderança vai muito além de títulos, gráficos e ordens. Para o cumprimento de seus mais elevados propósitos, a liderança deve ser baseada em comunicação inspirada e inspiradora.

Sugerir que o líder seja inspirador não é o mesmo que lhe pedir para ser mais alto. Isso não passa de uma piada fatalista. É verdade que falar bem é um dom, mas todos nós podemos ser mais motivadores em nossa comunicação. Na verdade, precisamos retornar à "escola" dos líderes inspiradores do passado. É o que fazemos com este livro, estudando o líder mais inspirador de todos os tempos: Jesus.

Uma das lições que o líder Jesus ensina sobre a comunicação inspiradora é que, para sermos eficazes nessa arte, devemos estar presentes. Isso parece tão óbvio que soa até ridículo. Muitos líderes atuais, no entanto, falham em intervir em momentos oportunos com uma palavra inspiradora.

Costumamos ler sobre pronunciamentos feitos pelo porta-voz de dada empresa. Nessas horas, eu me pego perguntando: Onde está o chefão? Queria saber o que *ele* diz. Em geral, os

> A liderança deve ser **baseada** em comunicação **inspirada** e **inspiradora**.

líderes perdem a oportunidade de provocar impacto quando se furtam a uma aparição pessoal em situações cruciais. Esconder-se atrás de um porta-voz é fácil, porém nada produtivo.

Creio que muitos líderes preferem não aparecer pessoalmente porque não estão preparados para as ocasiões em que exigem o benefício de sua presença. Jesus, contudo, estava muito bem preparado. Humanamente falando, Ele estudou as Escrituras, a base para quase todas as suas afirmações em público e se "mostrou" mesmo quando ainda era um menino, a fim de trocar ideias com os líderes de sua época.

O líder precisa escolher bem o momento para suas aparições. Jesus demonstrou essa lição de modo brilhante ao usar João Batista para abrir o caminho para Ele. A chave aqui é a frase "abra o caminho". Um porta-voz é mais útil como aquele que "prepara o terreno" para o líder em um importante comunicado. Se João Batista tivesse dado a última palavra, ao invés de preparar o caminho para que *Jesus* assim o fizesse, o plano e a transmissão da mensagem estariam incompletos.

Na passagem bíblica que estamos considerando (Marcos 9.19-28), Jesus utilizou a expressão "Se podes?" para despertar a fé adormecida daquele pai. Muitas vezes os líderes reconhecem um potencial oculto. A questão não era o desejo do pai pela cura, pois isso ficou bem claro quando trouxe o filho pela primeira vez. Será que ele depositaria sua fé apenas em Jesus, ou o fracasso dos discípulos o o teriam desencorajado de tal forma que já não acreditava em mais nada?

Eu considero a resposta do pai honesta e sincera. Quantas vezes afirmamos "Creio, ajuda-me a vencer a minha incredulidade"? A verdadeira fé é uma mescla de crença e descrença. Não obstante, aquela pequena porção de fé era mais do que suficiente para que Jesus realizasse o poderoso milagre de livramento daquele menino.

Uma vez mais, vemos o maior líder do mundo inspirando fé em um homem que não sabia que a tinha dentro de si mesmo. Tudo de que precisou foi uma pequena frase, uma pergunta simples, uma palavra bem colocada pelo Mestre.

Você não precisa falar muito. Por vezes, apenas poucas palavras, expressas no momento oportuno, podem operar maravilhas.

SOMENTE pela ORAÇÃO

"Ele respondeu: 'Essa espécie só sai pela oração e pelo jejum'."

Marcos 9.29

Compreender Lições de liderança de Jesus sem levar em conta a importância da oração seria algo inimaginável. A oração constituiu a maior parte de sua vida de ensino. Deixar de apreciar esse fato é apresentar a vida e a liderança de Jesus de um modo incompleto e distorcido. Ele utilizou a oração de várias formas.

Antes de tudo, Jesus foi um homem de oração, tanto em particular quanto em público. A oração organizava seu dia. Logo no princípio do evangelho de Marcos, descobrimos que Jesus costumava levantar-se de madrugada, "quando ainda estava escuro" (Marcos 1.35), para orar. Isso fazia parte da disciplina de sua vida. Os líderes no mundo frenético de hoje podem usar a oração como um meio de estruturar e se concentrar nas atividades do dia. Não que a oração não seja poderosa, importante e necessária por si só. Ela é, mas há duas maneiras cruciais de utilizar a oração: começar o dia e encerrá-lo após muitas atividades.

Em segundo lugar, Jesus foi um *exemplo* de homem de oração. Seus discípulos — os que Ele liderou diretamente — foram impactados por esse fato, já que foram testemunhas da grande importância que a oração teve na vida do Mestre. Isto aumentou a confiança que sentiam em segui-lo.

Mesmo neste mundo cínico em que vivemos, em qualquer área da vida, os seguidores terão um maior nível de confiança em um líder que inclui a oração em sua vida. Certamente haverá aqueles que farão pouco caso disso. Se, por qualquer circunstância, ocorrer a perda de um cliente importante, por certo alguém dirá: "Bem, as orações do velhote não ajudaram em nada". O comentário "Vamos trabalhar mais e orar menos" será ouvido a cada empreendimento malsucedido. Apesar dessas objeções, a maioria desejaria seguir um líder que é uma pessoa de oração.

Jesus também ensinou seus discípulos a orar. A oração do Pai-nosso é o melhor exemplo. Para alguns, ensinar sobre oração pode parecer um pouco etéreo e sobrenatural nas situações enfrentadas no cotidiano. Claro que a oração é sobrenatural. Essa é uma das principais razões para recomendá-la.

> O líder que ensina as bases da verdadeira oração a Deus não pode ser malsucedido.

Há uma busca cada vez maior pelo transcendente. Todo o interesse da Nova Era em conteúdos pseudoespirituais é evidência cabal disso. O líder que ensina as bases da verdadeira oração a Deus não pode ser malsucedido.

No versículo-chave, Jesus demonstra a absoluta necessidade da oração em determinadas situações. Haverá momentos em que a atitude mais apropriada que um líder pode adotar é dizer: "Sem a intervenção de Deus isso não acontecerá". Há realizações possíveis apenas por meio da oração. De tempos em tempos, todos nós enfrentaremos esse tipo de problema, ou seja, algo opressor cuja solução excede nossos recursos naturais. Deus permite passarmos por problema dessa magnitude para aprendermos que a nossa dependência deve estar apenas em Deus.

A solidão e o isolamento são os mais graves aspectos presentes no mundo dos negócios, em particular para quem é obrigado a fazer frequentes viagens, apartando-se de suas famílias. Líderes sábios irão recomendar a oração para pessoas-chave de suas equipes como o recurso mais efetivo para combater esses males. Como mencionei antes, senti-me privilegiado por ser um dos primeiros americanos a entrar na República Popular da China, após o término da Revolução Cultural naquele país. Eu não estava indo como cidadão americano, mas como o líder de uma organização internacional de esportes (isso ocorreu antes do funcionamento de uma embaixada dos Estados Unidos lá). A condição para a minha entrada no país era a de que fosse desacompanhado. Naquela época, os chineses eram extremamente cautelosos com relação a estrangeiros.

Ainda em Tóquio, na noite anterior ao meu embarque rumo a Beijing em um jatinho do governo chinês, Akio Morita, o lendário fundador da Sony, presenteou-me com um dos mais sofisticados rádios de ondas curtas da sua empresa, afirmando: "Assim que você colocar os pés naquele avião, estará privado de qualquer meio de comunicação, sem contato algum com ninguém fora da China. Com esse rádio, pelo menos, poderá ouvir pessoas de fora".

O Sr. Morita estava errado. Apesar do isolamento em território chinês, eu era capaz de alcançar meu Pai celestial mais fácil e diretamente que nunca. Eu não dispunha de fax ou telefone, mas a oração me sustentou durante aqueles inusitados e estranhos dias. Senti falta de minha família e de meus amigos, mas a oração manteve a distância o sentimento de solidão.

A oração é insubstituível, em especial quando temos de enfrentar os problemas impossíveis da vida.

· 62 ·

o LÍDER-SERVO

"Se alguém quiser ser o primeiro, será o último, e servo de todos."

Marcos 9.35

Apesar de tudo o que Jesus disse e fez, após todos os milagres que realizou e suas repetidas lições, sobre o que os discípulos estavam conversando na estrada? (Marcos 9.33- 37). No caminho a Cafarnaum, eles discutiam sobre quem dentre eles seria o maior. Inacreditável!

Na sociedade judaica daquela época — como na maioria das sociedades em toda e qualquer época — havia uma grande ênfase no poder, na posição social, no prestígio e em títulos. "Quem é o número um?" ainda repercute em nossos dias. Por conhecer o coração dos discípulos, Jesus estava ciente da ambição pecaminosa que traziam no íntimo, bem antes de lhes perguntar sobre o que falavam. E, como criancinhas flagradas fazendo alguma traquinagem, eles ficaram envergonhados e permaneceram em silêncio.

Naquele momento, Jesus poderia repreendê-los novamente, mas ele preferiu utilizar aquela situação para uma experiência de ensino inesquecível. Ele o fez por meio de outra de suas incisivas afirmações: "Para ser o primeiro você precisa ser o último".

Nenhuma outra lição sobre liderança de Jesus parece mais paradoxal que esse conceito de líder-servo, que de fato é a própria essência tanto de seu exemplo como de seu ensino sobre liderança. O conceito de líder-servo é de difícil compreensão para muitos hoje, em parte porque a literatura sobre liderança afirma exatamente o oposto, glorificando um tipo de líder diferente. Por exemplo, estamos acostumados com livros exaltando a figura de Átila, o huno, contando-nos que "você não conquista o que merece, mas o que negocia", ensinando, via de regra, que um tipo de liderança do eu em primeiro lugar, agressiva e baseada no chicote, deve ser a norma.

Imaginar que um líder pode ser bem-sucedido ao pôr em primeiro lugar os interesses de seus liderados e clientes, no sentido individual e coletivo, parece uma ideia equivocada e impraticável, a fórmula certa para o fracasso. De fato, essa lição de liderança de Jesus é a fórmula mais simples e certeira para o sucesso já anunciada. É garantia de sucesso no mais amplo e duradouro sentido.

Reflita sobre isso. Se você está na liderança de uma empresa e coloca seus liderados e clientes em primeiro lugar, está trilhando a estrada que leva ao sucesso. Por outro lado, se a primazia é dada ao objetivo, não importam os meios, o mais provável é que você esteja caminhando em direção a abusos e desastres. As lições de Jesus apenas *parecem* ser paradoxais, mas na verdade elas são perspicazes e praticáveis. Melhor ainda, funcionam tanto no plano terreno e como no eterno.

Dar a primazia aos outros, tornando-se servo, não significa ser "bonzinho" ou agir como um joguete. Com certeza esse nunca foi o ensinamento de Jesus, tampouco foi seu exemplo. Ele não veio a este mundo para cumprir cada capricho ou satisfazer as necessidades pessoais de todos. Sempre condenou a obtenção de vantagens, a autoexaltação, o egoísmo e a ganância. Igualmente, demonstrou seu desprezo por hipocrisia, arrogância e orgulho. Jesus sempre foi enérgico e direto, ao confrontar atitudes e ações que eram contrárias à sua missão e ao benefício final de seus seguidores.

Da mesma forma, é óbvio que Ele aguardava uma crescente compreensão e uma melhoria contínua nas ações por parte dos discípulos. Afinal, exerceu liderança para obter tais resultados.

Jesus mostrou que quem serve e ensina melhor acaba liderando melhor. A disciplina administrada por meio de repreensões lúcidas era parte integrante de sua liderança servil.

Conforme Jesus ensina, servir a todos não significa apenas lavar os pés, mas liderar os seguidores, levando-os a compromisso, dedicação, disciplina e excelência. Estranhamente, é no seio da igreja que esse tipo de liderança é mais rara. Muitos pastores e líderes eclesiásticos parecem aguardar serem servidos, como se os programas da igreja fossem um meio de exibição. Por outro lado, quase não há expectativas para o rol de membros da igreja, além de frequentar os cultos e contribuir financeiramente. A palavra "disciplina", claramente enfatizada no Novo Testamento, quase nunca é sussurrada.

> **Servir** [...] é [...] **liderar** os seguidores, levando-os a **compromisso, dedicação, disciplina e excelência**.

No entanto, o tipo de liderança transmitida por Jesus é oneroso quanto à natureza do compromisso que exige e ao tipo de desconforto que produz. Essa é a verdadeira liderança servil, do tipo que gera sucesso.

No reino de Deus, o caminho que leva para cima aponta para baixo. Jesus subverteu as noções contemporâneas de poder, substituindo-as pelo paradoxo da liderança servil. Em um certo sentido, Ele estava dizendo: "Não importa quem ostenta o título. Olhe para o próximo com coração servil e lá você encontrará o seu líder".

Como em todas as outras áreas, Jesus é o exemplo perfeito.

· 63 ·

CRIANÇAS são BEM-VINDAS aqui

"Quem recebe uma destas crianças em meu nome, está me recebendo."

MARCOS 9.37

"Somos uma empresa de negócios, não uma instituição de caridade." Essa foi a reação de um líder corporativo ao olhar a agenda do dia preparada por sua assistente e notar uma linha onde estava escrito "crianças". A empresa não comercializava produtos infantis, mas era engajada em trabalhar com empresas da lista dos 50 mais, da revista *Fortune*, e as suas respectivas áreas de marketing. O presidente não entendia por que ele e os demais diretores deveriam desperdiçar tempo com crianças.

A atitude dele foi equivocada e contrária às lições de liderança de Jesus.

Por seu ensino e exemplo, Jesus enfatizou a importância das crianças. Novamente, para aquele executivo, pode ter parecido paradoxal ter de gastar um tempo precioso falando sobre crianças, quando havia tanto por se realizar em tão curto espaço de tempo. A chave para entender isso é compreender que as crianças não eram subservientes à sua missão, mas parte integrante dela. O termo "crianças" deve estar presente na agenda de todo líder.

Independentemente do tipo de empresa que você lidera, a sua primeira pergunta deve sempre ser: "Como o que fazemos afeta as crianças?". Essa deve ser uma questão inerente à liderança por pelo menos três motivos: trata-se de uma preocupação justa, é um exemplo de Jesus e, se encarada, mas na verdade de modo prático, abre caminhos para o sucesso.

As crianças não são alvo de caridade, mas de liderança e empreendimento. Quanto mais sua empresa e seus liderados considerarem as necessidades das crianças, tanto mais bem-sucedida a sua liderança será, e você se sentirá recompensado.

Primeiro, pense nos filhos dos que trabalham para você. Pergunte-se: "Como nossas agendas e exigências afetam as vidas dessas crianças?". Da mesma forma: "Como podemos ser uma influência positiva para elas?". Esses questionamentos são válidos para qualquer empresa.

Agora, vamos a uma questão importante. Espero que seja desnecessário afirmar aqui que jamais devemos explorar crianças. As autoridades, bem como a opinião pública, são particularmente duras com quem busca ganhar dinheiro com crianças de modo ilícito. Procure saber como terminaram aqueles executivos infelizes que permitiram que suas empresas vendessem água colorida como suco.

Infelizmente, em muitas igrejas as crianças sempre estão no fim da lista de prioridades. As necessidades envolvendo a escola bíblica infantil — professores, ementas, melhores condições de ensino e material escolar — sempre são relegadas ao último plano, *mas devem estar no topo da lista*. As chamadas megaigrejas têm provado que, se a prioridade é dada aos programas destinados às crianças, os adultos passarão a congregar naquele local. Igrejas cujas atividades visam sobretudo os membros adultos, negligenciando seus filhos, não são bem-sucedidas, pois contrariam uma importante lição de liderança de Jesus.

Os líderes religiosos e as escolas de hoje devem prestar mais atenção no perigo do abuso, sem que tal cuidado se transforme em paranoia. A prudência deve ser máxima para que as crianças sejam salvaguardadas dos possíveis pervertidos que rondam igrejas e escolas.

Por vezes cantamos a canção "Jesus ama as criancinhas". Como sabemos disso? Porque Ele tomou uma delas em seus braços e a usou para transmitir uma importante verdade espiritual.

Como princípio de liderança, essa é uma das mais poderosas lições de nosso Senhor que ainda nos comove dois mil anos depois. Em quase todos os berçários de igrejas, há uma representação de Jesus segurando uma criança, rodeado por seus discípulos. Essa é uma imagem que muito tem auxiliado na construção de hospitais, orfanatos, instituições de cuidado ao menor, escolas dominicais e agências missionárias de crianças em todo o mundo.

Jesus amava as criancinhas. Devemos seguir seu exemplo.

A síndrome do "NÃO FOI INVENTADO aqui"

> "... vimos um homem expulsando demônios em teu nome e procuramos impedi-lo, porque ele não era um dos nossos."
>
> MARCOS 9.38

A oposição a boas ideias por não terem sido "inventadas aqui" é um problema que todos os líderes enfrentam. Ao vender anúncios de televisão, por exemplo, somos levados a crer que temos de convencer as agências de publicidade de que o que estamos propondo foi primeiro concebido por eles, se desejamos alguma possibilidade de acordo.

Muitas ideias excelentes são desperdiçadas ou terminam beneficiando a outros por causa do preconceito do "não foi inventado aqui". Há quem diga a si mesmo: "Se não pensamos nisso antes, é porque não deve ser uma boa ideia". Os líderes devem combater essa intolerância e convencer seus liderados a acolher boas ideias independentemente da fonte, concedendo o devido crédito a quem quer que seja. Um modo de desenvolver essa prática produtiva é reconhecer e recompensar pessoas que estejam comprometidas o suficiente para discernir e adotar uma boa ideia, ainda que tenha sido concebida por outra pessoa ou em outra área.

> Líderes devem [...] convencer seus liderados a **acolher boas ideias** independentemente da fonte.

A competição por si só não é ruim. Porém, quando tudo o que faz é contar "vitórias" ou quando a sua única medida de sucesso é o alvo final, você corre o risco de medir tudo pelos padrões do mundo.

Esta passagem (Marcos 9.38-41) nos lembra que a obra de Deus é muito maior do que a nossa visão limitada pode enxergar. Deus tem o seu povo estabelecido em muitos lugares, em geral promovendo realizações inimagináveis. Quando os discípulos chegaram reclamando desse homem que operava milagres, mas não sob a jurisdição deles, foi como se Jesus retrucasse: "Deixe-o em paz". Ele não disse "Façam uma aliança com ele", ou "Convide-o a se unir a nós". De forma alguma! Foi muito mais simples que isso. "Deixe-o em paz. Permitam que me sirva à sua própria maneira."

Por implicação, a mensagem é: "Cuidem de seus assuntos que eu cuidarei dos meus. Mantenham o foco na missão. Se eu tiver de lhe dizer alguma coisa, eu o farei. Não se preocupem com isso. Façam aquilo para o qual eu os convoquei, e não impeçam outros de fazer o que eu lhes ordenei".

Uma preocupação relacionada a isso é manter o foco na missão. É algo não apenas possível, mas que pode ser incrementado com a promoção de competição interna. Concursos de vendas, de controle de qualidade, de segurança, de satisfação dos clientes, de atendimento, e assim por diante, são métodos válidos para incentivar uma organização. A responsabilidade do líder, no entanto, é monitorar e controlar de perto esforços dessa natureza, a fim de manter a intensidade em um nível adequado e assegurar que o foco seja em prol do bem da organização e da sua missão.

Os anais das organizações estão repletos de histórias detalhadas sobre como a competição interna, tanto individual como entre as áreas, saiu do controle. As batalhas internas tornaram-se tão intensas que passaram a ser doentias e prejudiciais ao esforço coletivo. Qualquer tipo de sabotagem, seja em palavras ou ações, não pode ser tolerado.

Jesus demonstrou, várias vezes, ter muita energia para completar a sua missão. Ele sempre manteve o foco — algo que incluía arrebanhar constantes auxiliadores. Seu relacionamento com João Batista é o melhor exemplo disso. Um líder insensato poderia ter visto João e seus discípulos como competidores, mas Jesus os viu como cooperadores valiosos. Ele ajudou seus próprios discípulos a considerar que realizações de outros em seu nome devem ser encorajadas e não impedidas.

Algumas igrejas enfrentam períodos particularmente difíceis em função desse conceito. Concentram-se tanto em seus próprios esquemas, em seus números e interesses próprios, que se esquecem de que são parte da ação de Deus ao redor. Líderes de igreja sábios não permitem que isso aconteça.

Uma das características mais produtivas e positivas sobre o movimento Promise Keepers [Mantenedores da Promessa] foi que, em geral, as igrejas não os viram como uma ameaça, mas como um programa extremamente benéfico, a ser cooptado em prol de seus homens, da igreja e, por fim, do reino de Deus. A mesma atitude precisa prevalecer quando Deus está usando outros movimentos e missões como o Young Life, para alcançar os jovens, Bible Study Fellowship, para discipulado de mulheres, ou a Cruzada Estudantil, que trabalha com estudantes. Quando os líderes visam o reino de Deus e asseguram o mesmo foco para os demais, boas coisas acontecem. O mesmo princípio se aplica a qualquer organização.

• 65 •

Como CONCEDER RECOMPENSAS

> "Quem lhes der um copo de água em meu nome, por vocês pertencerem a Cristo, de modo nenhum perderá a sua recompensa."
>
> Marcos 9.41

Determinar quem deve ser recompensado e a recompensa a ser concedida é uma das grandes alegrias da liderança, bem como uma das tarefas mais trabalhosas. Cumpri-la com discernimento lhe proporcionará uma das mais poderosas e eficientes armas em seu arsenal de liderança; mas, se não for usada com sabedoria, mesmo havendo a melhor das intenções, poderá gerar tristezas e desunião. A frase "riscos elevados, lucros idem" descreve muito bem esse processo. Felizmente, Jesus é uma rica fonte de auxílio e de sabedoria para líderes que possuem recompensas a distribuir. E todos as têm.

Talvez a primeira lição a ser aprendida sobre todos os tipos de recompensas é o quanto elas são importantes. Nenhum líder pode se dar ao luxo de dispensá-las. Todos devem considerá-las, orando para usufruir o maior benefício possível delas.

> **Jesus** é uma rica **fonte** de auxílio e sabedoria para líderes que possuem **recompensas** a **distribuir**.

A segunda lição a ser compreendida é que o dinheiro, embora seja a mais importante recompensa que um líder pode conceder, está longe de ser a única. Os líderes que não têm essa compreensão estão em posição de grande desvantagem.

As recompensas financeiras desempenhavam um papel pequeno, para não dizer nulo, na liderança terrena de Jesus. Ele recompensava os discípulos de outras maneiras como, por exemplo, o tempo em sua companhia, as singulares experiências, o grande ensino, os relacionamentos valiosos em substituição aos relacionamentos perdidos, a participação em sua futura vinda gloriosa, o conhecimento íntimo de Deus e o presente supremo da vida eterna. Algumas dessas recompensas foram imediatas, enquanto muitas outras serão concedidas na plenitude dos tempos. Ainda, a maior delas não será concedida nesta vida terrena, mas no porvir. Jesus ofereceu aos seus discípulos muitas recompensas cujo valor excedeu o custo do compromisso deles.

A vida e a liderança exercida por Cristo ensinam outra importante lição sobre recompensas que contraria diretamente a sabedoria convencional. Na superfície, isso parece ingênuo e contraproducente, porém sob um exame mais profundo faz todo o sentido e deve formar a base do sistema de recompensas de todo líder.

A sabedoria convencional afirma que para se otimizar o lucro as pessoas devem receber o menor valor possível. Seus defensores perguntam: "Qual o valor mínimo que devo pagar a essa pessoa e ainda mantê-la motivada?". Jesus ensina a perguntar exatamente o oposto: "Qual o máximo valor que podemos pagar a essa pessoa e ainda sermos bons mordomos dos recursos disponíveis, vendo a empresa crescer como deveria?". Basearmos o nosso sistema compensatório na sabedoria de Jesus é o ato mais prático e lucrativo que podemos adotar. O máximo, não o mínimo, deve ser a abordagem básica em nossas considerações sobre o sistema de prêmios.

Jesus também ensina que um sistema estático de compensação jamais será o melhor. Alguns líderes gostariam de reduzir todas as questões a uma fórmula rotineira. Embora seja possível utilizar-se de pagamentos adicionais programados, participação nos lucros e outros padrões de metas, um líder sábio reconhecerá que nenhum sistema, por mais elaborado e detalhado que seja, pode atender a todas as expectativas. A razão, uma vez mais, é que as recompensas não são apenas financeiras.

Mesmo se considerarmos a recompensa financeira, Jesus ensina que os líderes devem ter a dimensão de como pagar. Os líderes sábios, após cumprirem a sua obrigação quanto ao que foi acordado, devem garantir uma certa liberdade quanto à compensação, fazendo o melhor uso possível dela. Lembre-se de que os prêmios não são apenas concedidos pelos esforços realizados, mas também como elemento motivacional rumo a objetivos futuros.

Os líderes também devem aprender que as recompensas à sua disposição sempre serão finitas. Isso significa que você não pode dar a uma pessoa ou grupo sem antes retirar de algum lugar. Isso torna as questões envolvendo premiação ainda mais difíceis, exigindo uma liderança reflexiva e séria com Deus.

Mesmo os líderes que lançam mão de recompensas não monetárias necessitam compreender esse princípio. Apenas um estudante pode receber o prêmio máximo. A atenção que é dispensada a apenas um aluno na escola dominical é atenção não disponível aos outros. O tempo que um pastor dedica a um membro é tempo indisponível aos demais. Os líderes que compreendem isso e fazem o melhor dentro dessa realidade são bem-sucedidos e atuam com maior equidade.

Jesus ensina a todos os líderes que a "imparcialidade" (na forma que o mundo a compreende) não é um conceito totalmente operável na distribuição de recompensas. Em um sentido real, Jesus veio para abolir o nosso senso de "justiça". Ele oferece misericórdia ao invés de justiça. Até em nossas ínfimas responsabilidades humanas de compensação, precisamos ir além do rígido padrão de justiça. Assim como na parábola dos trabalhadores que receberam o mesmo pagamento (Mateus 20.1-15), Jesus ensina que o que parece ser "justo" pode não ser a compensação certa.

Tanto quanto possível, precisamos recompensar em bases individuais, enxergando através de lentes da liderança que nos auxiliem a determinar o que é melhor para cada pessoa e para a empresa. Tal decisão não é fácil, mas os melhores líderes vão além de uma simples fórmula.

Conforme o exemplo dado por Jesus em suas parábolas, os líderes devem ser capazes de justificar de forma racional a maneira com que recompensa seu liderados. Quando a inevitável pergunta surgir, vocês devem estar prontos para respondê-la. É possível que a sua resposta não satisfaça quem perguntou, mas ela precisa ser honesta, direta e coerente em termos do que é melhor para a empresa e para as pessoas envolvidas.

Os que não conseguem aceitar a explicação talvez o deixem. Isso é aceitável e até previsível, mas não é justificável ao ponto de alterar o o sistema que foi considerado o mais adequado.

Igualmente instrutivo é que Jesus também ensina que nenhum bem ficará sem recompensa. Mesmo um pequeno gesto, como prover um copo d'água, será notado pelo Senhor. Uma atitude tão trivial como essa parece insignificante aos padrões do mundo, mas vai direto à essência do que significa ser um servo.

Por vezes, os líderes cometem o erro de recompensar apenas as grandes realizações, a aquisição de grandes clientes, a conclusão de grandes negócios e assim por diante. Em tal sistema, portanto, apenas os superastros serão recompensados. Líderes sábios também descobrirão meios de recompensar seus empregados do tipo "copo d'água".

Recompensar nossos liderados é uma responsabilidade e um privilégio da liderança muito complexos. Jesus é o melhor modelo a ser seguido.

• 66 •

A advertência da PEDRA de MOINHO

"Se alguém fizer tropeçar um destes pequeninos que creem em mim, seria melhor que fosse lançado no mar com uma grande pedra amarrada no pescoço."

MARCOS 9.42

Uma pedra de moinho era enorme, redonda e pesada, sendo utilizada para moer cereais para alimentação. Em geral, tinha de 75cm a 1m de diâmetro, e cerca de 25cm de espessura. Jumentos eram amarrados ao moinho e andavam em círculos, moendo gradativamente o grão. Agora, imagine amarrar uma pedra como essa ao pescoço de uma pessoa e jogá-la ao mar. Com certeza, seu destino seria o fundo do oceano, depois de sofrer uma terrível morte por afogamento. Não haveria a menor chance de escapar com vida.

Tal destino ainda seria melhor que o fim preparado para o homem ou a mulher que prejudicar ou ferir os que estão sob os cuidados de Jesus. Essa foi a maneira encontrada por Jesus de proteger os mais vulneráveis dentre os seus seguidores — o pobre, o inculto, o desamparado social, as crianças e outras pessoas impotentes.

> Os líderes que aceitam a **autoridade** devem reconhecer que junto com ela vem a **responsabilidade**.

Os líderes que recebem a autoridade devem reconhecer que com ela vem a responsabilidade. Eles são responsabilizados por suas atitudes com os que estão sob seus cuidados. Eles estabelecem o tom espiritual e moral de suas respectivas empresas. Esses são alguns dos grandes preços que os líderes são obrigados a pagar.

Mesmo debaixo de uma liderança consistente e séria com Deus, há quem aja de má-fé. Afinal de contas, Judas traiu a Jesus após estar em sua companhia por três anos. Nossa responsabilidade como líderes é assegurar que não somos a causa das falhas de um liderado. Parte do processo de gestação e manutenção do tipo certo de ambiente é ter tolerância zero com o que é nocivo e prejudicial dentro da organização.

Muitos líderes têm atraído problemas para si quando desviam o olhar do que está errado. Tal negligência leva à prática de outras ações igualmente abomináveis. Jamais ignore o erro, e em hipótese alguma retarde a ação contra o que estiver incorreto em sua empresa. Lide com isso imediatamente.

Líderes de igrejas e de instituições de ensino têm diante de si uma responsabilidade assombrosa. A estrita obediência à Escritura deve ser uma exigência primordial para todos os que ensinam. Se um pastor toma conhecimento de que um dos professores da escola dominical está semeando dúvidas quanto à veracidade das Escrituras, ou se o diretor de uma faculdade cristã é notificado de que os professores estão levando os estudantes a questionar a fé, e nenhuma providência é tomada, a sua responsabilidade pelo ocorrido é total. A advertência é severa. Deus tratará duramente os líderes que negligenciarem seus liderados. É preferível que você não seja um líder se pretende maltratar seus liderados. Isso deve ser motivo de oração diária.

• 67 •

LEVANTE o seu MACHADO

> "E se o seu pé o fizer tropeçar, corte-o."
>
> Marcos 9.45

Talvez a afirmação de Marcos 9.45 seja a mais contundente sobre foco em toda a Bíblia. Jesus está admoestando a todos nós para focarmos, em primeiro lugar, o alvo mais importante de toda a vida — viver em intimidade com Deus. Qualquer coisa que prejudique esse alvo deve ser extirpada de nossas vidas.

Manter o foco é uma das responsabilidades mais importantes da liderança. Principia com uma declaração de missão e prossegue, enquanto comparamos o que estamos fazendo e traçamos planos em prol dessa missão. Devemos ser implacáveis o suficiente para descartarmos atividades e programas que não contribuem diretamente para o alvo, tal como estabelecido na declaração de missão. Isso parece ser fácil, mas na prática não é. A responsabilidade de manter o foco é do líder.

Considere uma classe de escola dominical formada com uma simples missão: estudar a Palavra de Deus. Uma hora por semana um grupo homogêneo é separado com o único propósito de estudar a Bíblia. Há uma missão simples com um alvo bem definido.

Não obstante, eis o que, em geral, acontece. Alguém diz que seria bom abrir a classe com um corinho ou dois. Muito bem. A classe principia com uma canção.

Então, outra sugestão é feita no sentido de que a classe deveria promover a integração entre os membros. Muito bom. Um tempo é separado no início da classe para um cafezinho e bate-papo. Assim, o tempo que deveria ser dedicado ao estudo foi usado para discutir e planejar atividades fora daquele horário, sempre visando incrementar a comunhão. "Deveríamos promover um almoço comunitário ou um piquenique? É possível marcarmos esse encontro para daqui a duas semanas? Todos podem ir? Que tal daqui a três semanas?"

Os líderes de igrejas reconhecem que muitos frequentadores da escola dominical não permanecem no culto principal, utilizando aquele período de classe para transmitir avisos importantes. Dessa forma, mais um tempo da classe é retirado para isso.

Além do mais, como a Bíblia nos encoraja a boas obras, a classe decide apoiar um esforço beneficente. Qual? Quanto deve ser doado? Quando alguém pode trazer um relatório sobre como os recursos estão sendo usados?

Creio que você já entendeu a ideia. O foco do estudo bíblico, o propósito primário e real daquela classe, foi deixado de lado. No mínimo, o estudo da Bíblia é relegado a um segundo plano, e o alvo de uma classe de discipulado é perdido.

Manter o foco pode ser oneroso e doloroso. Não será fácil para aquela classe de escola dominical retomar a visão original, sobretudo quando outros alvos, igualmente valiosos, são acrescentados. A tendência humana é a de sempre se desviar dos compromissos originais. E, quando percebemos que isso está acontecendo, o custo de remar contra a maré é enorme. É como cortar fora a mão ou arrancar um olho.

Não é possível realizar esse tipo de cirurgia sem sentir uma dor intensa. Por isso algumas igrejas, colégios e organizações movem-se ao sabor do vento, por anos e anos a fio, para no fim representar uma vaga lembrança do que um dia já foram. Ninguém está disposto a lançar mão do machado e começar a ceifar onde há necessidade, mas é exatamente isso o que deve ser feito.

Justamente por isso é que essa passagem (Marcos 9.42- 50) tem muito a dizer sobre líderes de organizações que há muito se desviaram e perderam a sua vitalidade inicial. Muitas virtudes são necessárias para reviver a empresa, tais como fé, paciência, sabedoria, espírito cativante, foco de longo prazo e habilidade para separar o trivial do crucial. Lembre-se, porém, do que foi dito por Jesus. Tenha sempre à mão um machado afiado. Mais cedo ou mais tarde, você precisará utilizá-lo em algo que é desnecessário. Não é possível voltar aos trilhos sem tal disposição.

> Tenha sempre **à mão** um **machado afiado**. Mais cedo ou mais tarde, você precisará **utilizá-lo** em algo que é **desnecessário**.

Manter o foco significa assegurar que somente os melhores alvos são perseguidos. "Melhor" deve ser definido como aqueles objetivos mais consistentes com a declaração de missão. A manutenção do foco precisa ser uma disciplina diária e constante.

• 68 •

VALORIZE
o seu SAL

"O sal é bom, mas se deixar de ser salgado, como restaurar o seu sabor? Tenham sal em vocês mesmos e vivam em paz uns com os outros."

Marcos 9.50

Tanto nessa passagem como no Sermão do Monte (Mateus 5-7), Jesus usou o sal como uma poderosa metáfora. Os líderes atuais, em todos os tipos de empresas, precisam se apropriar dessa lição.

Nos tempos bíblicos o sal representava a fidelidade de Deus, lembrando aos israelitas de que Deus havia cumprido as suas promessas. Os líderes de hoje precisam ser fiéis à sua missão, aos que os seguem e aos padrões de uma liderança séria e eficaz. Nada prejudica mais uma empresa que a infidelidade de um líder.

Como os absolutos morais têm sido expurgados de nossa sociedade, há cada vez mais líderes fracassando no teste de fidelidade. São infiéis de inúmeras formas, que variam desde o roubo descarado até um gerenciamento em benefício próprio. Alguns têm sido pessoalmente infiéis ao levarem fora do escritório uma vida digna de vergonha para ele mesmo, para os liderados e para a empresa. E os líderes na igreja não têm feito muita diferença nesse triste quadro.

Os líderes e aqueles que os consideram confiáveis precisam compreender que todos devem adotar um elevado padrão de fidelidade. Eles precisam ter a segurança de dizer aos liderados: "Eu tenho sido fiel. Por isso espero o mesmo de você". Quando um líder não é capaz de fazer tal afirmação, um elemento essencial da liderança se perde, bem como grande parte de sua capacidade de realização. Quando a situação chega a esse ponto, a restauração é quase impossível.

Um verso da grande canção de Steve Green devia ser o lema dos líderes de hoje: "Que os que vêm atrás de nós possam nos encontrar fiéis". Isso deve ser parte de nossa oração diária.

Quando Jesus falou sobre o sal, também tinha em mente outros usos metafóricos para ele. O sal adiciona sabor, uma pitada de excitação ao alimento. Que importante lição! Os líderes precisam estar atentos quanto aos meios de tornar suas empresas cativantes e estimulantes para os que estão envolvidos com ela. Precisam se precaver para que seus comandados não caiam em uma rotina enfadonha, algo como a síndrome do "mais um dia no escritório". Quando isso ocorre, a eficiência é perdida e os níveis de energia despencam.

É verdade que o fator entusiasmo é mais fácil de ser mantido em algumas empresas do que em outras. Um jogador da liga principal de beisebol encontra muito mais entusiasmo em seu trabalho do que um rapaz montando qualquer produto de fábrica qualquer. Parte da responsabilidade de todo líder, no entanto, é gerar entusiasmo pela missão, seja ela qual for.

Meu pai trabalhou com fabricação de tintas a vida toda. É de se imaginar a monotonia de seu cotidiano. Porém, por compreender a importância desse produto nas vidas de seus clientes, ele era apaixonado pelo que fazia, atraindo interesse e elevando o entusiasmo dos que trabalhavam com ele. Cada líder deve ser capaz de tornar o propósito da empresa conhecido e significativo.

Certamente, os que estão envolvidos na obra da igreja jamais devem se desinteressar, pois a missão que lhes foi confiada é a mais excitante, desafiadora e vital de todas, além disso, as consequências dela são eternas. O entusiasmo e a vitalidade devem imperar. Infelizmente, em geral, esse não é o caso. Uma atitude de "sempre o mesmo, sempre o mesmo" costuma prevalecer. Líderes da igreja não podem e não devem deixar que isso ocorra às suas vistas.

Líderes religiosos devem transpirar entusiasmo e assim gerar o mesmo sentimento nos liderados. Caso contrário, considerações banais tais como o estilo de culto ou a próxima campanha de arrecadação de fundos passam a ser o foco principal da igreja. Portanto, os líderes precisam manter diante de si o papel influenciador e transformador que caracteriza a igreja, sempre lembrando isso a todos os envolvidos. Caso contrário, a tarefa de manter os mecanismos organizacionais em funcionamento torna-se um alvo insípido e desestimulante.

> O líder deve **cuidar** para **conservar** os **elementos** mais **importantes** de sua empresa.

Jesus também ensinou sobre o sal como um poderoso fator de preservação. Ao mesmo tempo em que demonstra fidelidade e gera entusiasmo, o líder deve cuidar para conservar os elementos mais importantes de sua empresa. Essa advertência é de particular importância para líderes que enfrentam uma nova situação. Ao esforçar-se para implementar mudanças necessárias e gerar um ânimo renovado, seja sábio em preservar o bem que já existe ali.

Como estudante universitário, passei por uma experiência inédita com um líder que não compreendeu a necessidade de preservar as coisas boas do passado. Um novo reitor chegou à faculdade, cheio de paixão pelo desafio, determinado a levar a instituição à frente. Em seu zelo, entretanto, decretou várias mudanças nas antigas tradições da escola que eram muito valiosas para estudantes, corpo docente e formandos. O entusiasmo pelo novo presidente logo se transformou em franca rebelião, resultando em sua curta permanência naquele cargo. Ele falhou em compreender a responsabilidade que o líder tem sobre si de preservar as boas coisas do passado. Não cometa o mesmo erro ao liderar.

A metáfora do sal utilizada por Jesus foi muito poderosa naqueles dias e tem o mesmo poder na vida dos líderes de hoje. Seja fiel. Seja um entusiasta. Conserve o que é bom.

· 69 ·

CASAMENTO e LIDERANÇA

"Portanto, o que Deus uniu, ninguém o separe."

Marcos 10.9

Não há exagero algum em se afirmar que fomos feitos para o matrimônio. Quando tudo houver sido dito e feito, quando a contagem final for feita, a maioria das pessoas será casada por algum tempo. Não que o casamento seja melhor que a vida de solteiro. Tudo depende de quem se casa e de quem deixa de se casar. Muitos podem cumprir melhor a vontade de Deus para suas vidas permanecendo solteiros (1Coríntios 7.7,8), enquanto outros preferem se casar mais tarde, quando estiverem mais maduros. Isso, contudo, não deve obscurecer o ponto principal: o casamento é uma das melhores dádivas de Deus para a raça humana. Em Provérbios 18.22 lemos: "Quem encontra uma esposa encontra algo excelente; recebeu uma bênção do Senhor". O texto de Hebreus 13.4 acrescenta que: "O casamento deve ser honrado por todos".

O que tudo isso tem a ver com liderança?

Jesus aproveitou uma pergunta feita pelos fariseus (Marcos 10.2) e a transformou em uma oportunidade de ensinar aos discípulos sobre a santidade do casamento e o perigo do divórcio. O casamento foi concebido por Deus no princípio. A ideia de um homem na companhia de uma mulher por toda a vida remonta aos tempos de Adão e Eva, no Jardim do Éden. Foi intenção de Deus que eles se juntassem em um relacionamento tão forte que somente poderia ser descrito com a expressão "uma só carne".

Por contraste, o divórcio foi concebido pelo homem, como fruto da dureza de seu coração. Quem já passou pela experiência da ruptura de um casamento compreende o que Jesus quer dizer. Embora haja situações nas quais o divórcio se apresente como necessário devido ao comportamento pecaminoso de um dos cônjuges, ele nunca é indolor.

Em nossos dias, quando o divórcio tornou-se tão corriqueiro, os líderes não devem medir esforços para criar uma cultura corporativa na qual o matrimônio é exaltado e honrado. Isso pode parecer um problema porque a nossa sociedade tem se distanciado cada vez mais do ponto de vista bíblico. Fora dos termos da igreja, os cristãos trabalham lado a lado com pessoas que apresentam perspectivas radicalmente distintas sobre casamento e moralidade sexual. Como é possível manter a santidade do casamento em um cenário tão pluralista? Essa é a questão.

A resposta não é difícil. Em primeiro lugar, mantenha a força de seu casamento. Isso inclui falar bem do cônjuge, deixar bem claro aos demais que você é casado(a) e investir tempo para cuidar da relação, mesmo que isso signifique afastar-se do trabalho para estar a sós com o cônjuge. Isso também significa reconhecer a possibilidade de ser tentado no ambiente de trabalho e, de forma intencional, estabelecer algumas "cercas" de proteção contra um passo em falso que tem o potencial de arruinar a sua carreira, o seu casamento e, por fim, afastá-lo de Deus.

O casamento cristão pode ser descrito como uma "janela no tempo" através da qual se obtém um vislumbre da eternidade. Somos como atores no palco, estrelando o nosso casamento, tendo o mundo como plateia. Quando o marido e a esposa desempenham bem o seu papel, a plateia acompanha algo mais profundo. Eles assistem a Cristo e a igreja. Essa é a forma com a qual Deus estabeleceu o casamento, razão pela qual um casamento cristão atrai as pessoas a Cristo ou, pelo contrário, as leva para mais longe. Não há meio termo.

Por isso não devemos pensar que o divórcio é algo que só diz respeito ao casal. Toda a igreja está envolvida. A reputação de Deus está em jogo.

Os casamentos ao nosso redor fracassam. Há divórcios todos os dias. É possível que no seu escritório apenas você permaneça casado com o mesmo cônjuge. Por vezes, você ouvirá falar a respeito de outro divórcio e não saberá o que dizer. As pessoas se divorciam pelos motivos mais fúteis possíveis.

Porém, aqui estão as boas notícias. Naquele escritório você é um missionário, e seu casamento é a mensagem a ser transmitida. Você não precisa pregar um sermão. Seu duradouro compromisso com seu cônjuge é o mais impactante e visível sermão a ser pregado a quem convive com você.

Como você pode manifestar de forma concreta o amor de Deus aos outros? Deixando que todos percebam o amor de Deus em seu casamento. Esse testemunho é mais eficaz do que uma centena de panfletos ou duzentos versículos bíblicos. As pessoas podem duvidar do que você diz, mas não podem negar a realidade de um casamento verdadeiramente cristão.

> Seu **duradouro compromisso** com seu cônjuge é o mais **impactante** e **visível** sermão a ser pregado a **quem convive** com você.

Deus se importa com o matrimônio. Essa também deve ser uma prioridade sua. Quando os líderes se mantêm fiéis a seus votos, os liderados cumprem com mais facilidade suas promessas.

• 70 •

PROTEÇÃO EXCESSIVA
ao líder

> "Alguns traziam crianças a Jesus para que ele tocasse nelas, mas os discípulos os repreendiam."
>
> MARCOS 10.13

O excesso de proteção é um problema que todo líder enfrenta, mais cedo ou mais tarde. Em geral, quanto mais bem-sucedido você se tornar, maior é a possibilidade de que seus principais seguidores deixem de realizar suas tarefas para protegê-lo de distrações indesejáveis.

No começo de qualquer negócio, quando ele ainda é um sonho, os líderes serão vistos conversando com qualquer um sobre qualquer assunto porque ainda não possuem uma equipe para gerenciar, um orçamento para manter e uma agenda ocupada para cumprir. No período inicial de qualquer empreitada, os líderes devem estar acessíveis, porque não têm com quem falar e quase nada a fazer.

Pouco a pouco, entretanto, esse quadro se altera. Você encontra pessoas importantes que o acompanharão em sua missão, começa a estabelecer as metas com mais precisão e, com o passar do tempo, uma organização começa a se desenvolver ao seu redor. Os procedimentos são estabelecidos, o horário de expediente é determinado e o manual de política é escrito. Todas essas atividades são benéficas porque concentram você e sua equipe na missão estabelecida.

No entanto, até mesmo as melhores coisas da vida podem, algumas vezes, transformar-se em obstáculos. Se o seu manual de política da empresa o impede de ver as pessoas que necessita ver, então é hora de mudar o manual.

Sem dúvida, os discípulos estavam bem-intencionados quando tentaram impedir que as pessoas incomodassem a Jesus com seus filhos. Podemos imaginá-los dizendo: "Veja, não é que Jesus não goste de crianças, Ele as ama, mas está muito ocupado agora e não pode ser interrompido". O argumento até que é bom e poderia ter funcionado, mas o próprio Jesus resolveu intervir.

A passagem de Marcos 10.14 revela que Jesus Cristo ficou "indignado". Outra tradução utiliza a palavra "irado". Ele interrompeu os discípulos, tomou as crianças nos braços, impôs-lhes as mãos e as abençoou.

> **Não permita** que ninguém o **proteja** em **demasia**.

Há momentos em que o líder deve fazer aquilo que apenas um líder pode fazer, mesmo quebrando o protocolo e trazendo embaraços aos que estão sob sua liderança no processo. Na realidade, você criará um momento de ensino que eles jamais esquecerão.

Aprenda essa lição com Jesus. Não permita que ninguém o proteja em demasia.

• 71 •

A VERDADE sobre a BAJULAÇÃO

"Respondeu-lhe Jesus: 'Por que você me chama bom? Ninguém é bom, a não ser um, que é Deus'."

MARCOS 10.18

A conversa entre Jesus e o jovem rico tem gerado muita controvérsia (Marcos 10.17-31). O jovem rico utilizou o termo "bom mestre" de um modo impertinente. Em um certo sentido, a resposta de Jesus a ele significa: "Você sabe com quem está falando?". Com certeza, aquele homem via Jesus como um mestre talentoso, guiado pelo Espírito e que possuía uma percepção incomum sobre os caminhos de Deus. Porém, Jesus não estava satisfeito com aquele nível de compreensão. Ele parecia responder: "Não me chame de 'bom' a não ser que saiba quem realmente eu sou". Jesus recusou os comentários bajuladores vindos de pessoas que mal o conheciam.

Aquele jovem estava confiando apenas em sua própria bondade para obter acesso ao céu. Ele piamente acreditava que havia obedecido a todos os mandamentos de Deus desde a sua adolescência (Marcos 10.20). Portanto, não somente estava equivocado sobre quem Jesus era, como também não tinha noção alguma de quem ele próprio era, estando duplamente errado ao basear-se em uma visão distorcida de "bondade", que para ele era algum tipo de moralidade externa relativa. Ele era bom conforme o seu próprio código moral, mas era um pecador conforme os padrões de perfeição de Deus.

Diferentemente da visão de alguns estudiosos hostis, Jesus não estava negando a sua deidade como Filho de Deus nesta passagem específica. Em outras passagens do Novo Testamento,

Jesus declara a si mesmo como o Filho de Deus, o Messias. Ao responder ao jovem rico, estava sutilmente tentando levá-lo a enxergar a verdade de sua filiação, ao mesmo tempo em que recusava uma bajulação barata.

Jesus jamais se desviou de sua missão. Uma parte dela envolvia assegurar-se de que as pessoas conhecessem quem Ele era e a razão de sua vinda. Com esse objetivo, Ele corrigiu desinformações e sempre rendeu a Deus todo o crédito e toda a glória.

> Tenha cuidado para que os **falsos elogios** não sejam uma arma do inimigo.

Por sua própria natureza, a liderança suscita elogios. Quanto melhor for o seu trabalho, tanto mais louvor irá receber — assim como maior é a possibilidade de ser mal-interpretado ou bajulado. Algumas posições de liderança requerem um certo fascínio para o sucesso do empreendimento. Os líderes em posições destacadas precisam estar especialmente alertas quanto à natureza sedutora da bajulação. Expressando essa admoestação de forma bem popular: "Não se deixe enganar pelos puxa-sacos". Ou nas palavras de Jesus, que são sempre a melhor opção: "Ai de vocês quando todos falarem bem de vocês" (Lucas 6.26).

Tenha cuidado para que os falsos elogios não sejam uma arma do inimigo. Isso pode levá-lo à arrogância, que é fatal. Uma das melhores armas que os líderes podem usar contra a arrogância é manter em mente a imagem de Jesus lavando os pés de seus discípulos.

• 72 •

LIDERANÇA
versus
ADMINISTRAÇÃO

"Eles estavam subindo para Jerusalém, e Jesus ia à frente."

MARCOS 10.32

Perceba o ritmo aqui. A essa altura, no Evangelho de Marcos, a sorte estava lançada, e Jesus sabia que caminhava rumo a Jerusalém para ser crucificado. Os líderes da nação haviam endurecido os corações contra Ele. Nada podia mudar o resultado final.

Desde a magnífica confissão de Pedro, relatada em Marcos 8.27-30, Jesus estava deixando pistas ao longo do caminho. Ele sabia o que o aguardava adiante e, como qualquer bom mestre, começou a desvendar-lhes o segredo, pouco a pouco. Ele havia aguardado até ali porque seus homens não conseguiriam suportar a verdade antes. Isso era evidente, porque mal conseguiam suportá-la naquele momento.

Bem, como era chegada a hora, Jesus foi direto e específico com as más notícias. Explicou exatamente o que aconteceria, quem faria o quê, e o que fariam com Ele — cuspiriam nele, o açoitarariam e o matariam. Sem dúvida, todos esses detalhes chocaram os discípulos, mas também lhes deram uma enorme confiança, porque sabiam que Jesus não seria pego de surpresa em Jerusalém. Ele caminhou em direção a Jerusalém de olhos bem abertos. Previu o que viria, e tudo aconteceu como foi revelado.

Aproveitar o momento certo para revelar o que você sabe pode gerar uma enorme confiança em seus comandados, dando-lhes coragem para enfrentar os tempos difíceis. Mesmo assim, no versículo 32 lemos que os discípulos estavam "admirados" e com "medo". Os líderes verdadeiros, em geral, causam admiração e medo enquanto lideram. Eles são pioneiros, entram em novos territórios, conclamam novas alianças, assumindo, eles mesmos, compromissos inéditos.

Manter o *status quo* é o que os *administradores* fazem. Isto não é de todo negativo, mas não é liderança. Liderar, por sua própria definição, significa ir à frente abrindo novas trilhas. Isso sempre provoca admiração, medo e desconforto. O líder, via de regra, é aquele que é chamado a dar mais.

Esta passagem de Marcos 10.32-34 deveria levar os potenciais líderes a fazer a si mesmos alguns questionamentos fundamentais. A primeira delas é: "Estou disposto a liderar — *realmente* liderar?". Nos negócios, na educação, na igreja, tenho visto o que acontece quando pessoas almejam posições de liderança, esforçam-se por consegui-las e, então, recusam-se a liderar. Quando suas empresas "caminhavam rumo a Jerusalém", eles não estavam à frente.

Quando os que ocupam cargos de liderança se recusam a liderar, em geral, ocorre todo tipo de problema. Decisões não são tomadas, tampouco comunicadas. Os papéis não são bem definidos. As atribuições e tarefas não são realizadas, a indisciplina é estabelecida, a organização não é mantida e as direções, perdidas. Por tudo isso, essas organizações jamais "chegam a Jerusalém".

> Os líderes devem liderar, e esse **papel** é extremamente desafiador.

Por favor, não almeje ou aceite um papel de liderança, a não ser que esteja disposto a colocar-se na linha de frente, assumindo você mesmo os os compromisso e desafios difíceis. Os líderes devem liderar, e esse papel é extremamente desafiador.

A segunda questão que essa passagem leva potenciais líderes a considerar é: "Estou disposto a repensar o que está estabelecido? Consigo pensar fora da caixa e pintar fora das linhas determinadas? É possível causar admiração em algumas pessoas e medo em outras?".

Como de praxe, Jesus é o exemplo a ser seguido. Ele foi o pensador mais revolucionário de todos os tempos. Naquela ocasião, pediu aos seus seguidores, e nos pede hoje, a pensar de formas totalmente novas e inusitadas. "Se não está quebrado não tente consertar" não é um lema para líderes, pois eles devem ver todo e qualquer empreendimento como "quebrado" a ponto de questionar: "Como isso pode melhorar" e "Há meios novos e inéditos que podemos usar para otimizar os processos?". É isso o que liderança significa. Administradores aceitam as coisas como elas são, mas os líderes não.

Há uma terceira questão fundamental que essa passagem coloca aos líderes: "Estou disposto a abrir-me, tornar-me vulnerável e íntimo o suficiente, com um grupo mais próximo de seguidores de modo a compartilhar com eles as más notícias? Terão eles aprendido o suficiente sobre a missão e o meu compromisso com ela para ainda me seguirem "rumo a Jerusalém", após o que compartilhei?".

Alguns líderes não inspiram confiança suficiente em seus seguidores ao ponto de fazê-los acreditar que podem lidar com as más notícias e os tempos difíceis, de modo que apenas querem saber das boas notícias. Jesus não as evitou, mas sempre tratou com os discípulos sobre o reino vindouro e o preço terrivelmente elevado que isso custaria. Essa é a lição para todos os líderes.

Ao liderar e considerar a liderança, faça a si mesmo as questões que essa passagem suscita.

• 73 •

Comprometimento
TOTAL

"'O que vocês querem que eu lhes faça?', perguntou ele."

MARCOS 10.36

Tiago e João vieram a Jesus buscando um contrato supremo, um plano de aposentadoria precoce (Marcos 10.35-40). Eles queriam que Jesus lhes prometesse ali, na mesma hora, riquezas futuras incontáveis, com base no que havia sido feito no passado. Tudo o que conseguiram de Jesus foi mais uma maravilhosa lição de liderança — uma lição da qual todos nós podemos obter benefícios.

Não importa o tipo de grupo que você lidera, você terá liberalidade no distribuir, ou ao menos pensarão que tem. Esteja certo de que seus liderados o procurarão como Tiago e João procuraram Jesus, com o objetivo de obter o melhor acordo possível para si mesmos. Por meio do exemplo de Jesus, você pode tornar essa situação lucrativa para todos os envolvidos e, ao mesmo tempo, levar a sua missão adiante.

Primeiro, Jesus lhes deu atenção. Ele os ouviu. Não respondeu: "O pedido de vocês é ridículo. Sumam da minha frente". Antes, pediu-lhes para detalharem a petição. Esse procedimento foi muito positivo, pois Ele aprendeu algo sobre a opinião daqueles discípulos sobre si e sobre seu poder e autoridade. Isso revelou para Ele muito sobre os dois homens e o quanto haviam apreendido. Jesus tinha de ser agradado com o que os discípulos tinham aprendido, e não com o motivo egoísta deles.

Uma coisa é pedir garantias de aumentos salariais, outra muito diferente é pedir aumento com base nos lucros da empresa.

A segunda situação é muito mais favorável ao empregado. A solicitação que coloca o funcionário em uma posição mais propícia é a que considera um futuro aumento em relação ao crescimento da lucratividade da empresa ou do seu capital estocado. Isso significa que o empregado não está procurando renegociar com base no desempenho passado, mas está propondo: "Eu acredito nessa empresa, estou disposto a trabalhar para torná-la ainda mais lucrativa. Quero partilhar desse sucesso".

Um líder dotado de sabedoria seguirá o exemplo de Jesus: os discípulos vieram buscando benefícios com base em seus desempenhos passados, mas Ele lhes apresentou os desafios futuros. Tiago e João buscaram um bom acordo, mas Jesus os desafiou a obter o que desejavam por meio do desempenho face às futuras dificuldades. Esse é um modo excelente de lidar com os que vierem a você com intenções similares, algo que lhe fornece uma perspectiva sobre a confiança deles na empresa e em você como líder. Também é uma forma de solicitar aos liderados um maior comprometimento da parte deles, fornecendo-lhes incentivo para um melhor desempenho por mais tempo.

> Um líder dotado de sabedoria seguirá o **exemplo** de **Jesus**: os discípulos vieram buscando benefícios com base em seus **desempenhos passados,** mas Ele lhes apresentou os **desafios futuros**.

Os bons líderes não douram a pílula do compromisso. Jesus não desconsiderou o pedido dos irmãos, mas os desafiou a unir-se a Ele em uma incrível aventura que incluía sacrifício, além de qualquer outra experiência que haviam tido até então.

Quando Jesus perguntou "Podem vocês beber o cálice que eu estou bebendo?" (Marcos 10.38), Jesus estava verdadeiramente convidando-os a morrer com Ele. Aqui encontramos a razão da vida. É como se propusesse: "Vocês estão dispostos a sacrificar tudo o que lhes é mais precioso para seguir-me? Se a resposta for sim, então vocês também podem compartilhar as recompensas".

Isso possui enormes implicações para a liderança. Primeiro, você deve estar envolvido em algo pelo qual valha a pena comprometer-se por inteiro. Segundo, o próprio líder deve ter um compromisso total. Não se pode pedir que seja feito algo que você mesmo não faz. Terceiro, os seguidores devem ser desafiados a abrir mão de tudo o que possuem na esperança de que, por um esforço coletivo, um objetivo maior seja alcançado, o que não ocorreria por meio de um esforço individual.

Essas não são palavras levianas. Você somente propõe esse tipo de desafio quando encontra algo pelo qual vale a pena entregar sua vida.

A ORDEM REAL dos SERVOS

"Ao contrário, quem quiser tornar-se importante entre vocês deverá ser servo."

Marcos 10.43

Os discípulos começaram a discutir entre si, um fato que não nos surpreende. Todo esse episódio começou com um estranho pedido de Tiago e João e finalizou com uma acalorada discussão (Marcos 10.41-45). Isso é perfeitamente compreensível, porque nascemos para competir, para lutar pelo lugar mais alto, para ser o número um. Tudo gira em torno de ganhar e perder. Quer você admita ou não, chegar à frente de nossos amigos é a maior motivação em tudo o que fazemos. Antes de condenarmos os discípulos, deveríamos dar uma boa olhada no espelho.

Jesus não os censurou. Antes, utilizou aquela contenda como uma ocasião de desafiá-los a canalizarem a ambição que tinham em uma direção inteiramente nova.

Hoje, a ambição se transformou em motor de um mundo torpe, um incontrolável desejo por avanços pessoais a qualquer custo, mesmo que isso signifique ferir outros no processo. Vamos encarar os fatos. O mundo dos negócios está repleto desse tipo de ambição. Em toda empresa, quase sempre é possível encontrar quem esteja disposto a mentir e agir de má-fé para subir degraus na escada corporativa. São comuns em nossos dias atitudes como tomar atalhos, mentir nos relatórios de despesas, espalhar fofocas maliciosas, abusar da autoridade, apunhalar pelas costas e ainda por cima sair rindo.

Jesus conhecia essa situação e compreendeu o fato de que seus seguidores pareciam tentados a usar as mesmas táticas. Assim, com uma simples frase, destruiu radicalmente aquele tipo de ambição: "Não será assim entre vocês" (Marcos 10.43). A seguir, então, pintou um quadro totalmente diferente sobre a ambição. "Você quer ser um líder? Isso é muito bom, porque o mundo precisa de bons líderes. Então, torne-se um servo. Apanhe uma toalha e comece a lavar pés imundos. Pense em si mesmo como um escravo e não como um mestre".

Com certeza os discípulos recuaram ao simples pensamento de assumirem o humilde papel de um servo. Afinal, eles eram os mesmos que há pouco estavam discutindo sobre quem estaria no lugar de honra no grande banquete do reino vindouro. O que atraía no lugar de honra era justamente ter alguém para lhe servir.

"Não será assim entre vocês." Com essas poucas palavras, Jesus subverteu os valores do mundo, virando-os de cabeça para baixo e estabelecendo uma nova fraternidade — a Ordem Real dos Servos. Quer se juntar a ela?

> O **mundo** precisa de **bons líderes**. Então, torne-se um **servo**.

A verdadeira liderança não consiste em ostentar títulos, posição ou personalidade irresistível. Liderança é algo expresso no coração. Quem é o líder de que precisamos? Aquele que é servo. Encontre o servo e terá encontrado o seu líder. Ele não é o manda-chuva sentado na cabeceira da mesa, mas é aquele que vem da cozinha, servindo a refeição.

· 75 ·

Invista
TEMPO com
as PESSOAS

> "'O que você quer que eu lhe faça?', perguntou-lhe Jesus."
>
> MARCOS 10.51

A jornada de Jesus a Jerusalém durou semanas. Tinha um compromisso com o destino naquela cidade. As nuvens de tempestade anunciando o doloroso julgamento já podiam ser avistadas no horizonte. Ele sabia o que o aguardava. Como Filho de Deus, podia enxergar com perfeição tudo o que estava para acontecer — a conspiração, as trinta moedas de prata, o beijo do traidor, a prisão de madrugada, os julgamentos, as falsas acusações, os açoites e a coroa de espinhos. Porém, acima de tudo, podia vislumbrar a cruz, consciente de que em alguns dias lá estaria pendurado, suspenso entre o céu e a terra.

Essa foi a razão por que veio a este mundo. Isso é o que Bíblia quer dizer com *sua hora havia chegado.*

Naquele dia, Jesus chegara a Jericó, a última parada antes de subir as colinas para enfrentar seu destino em Jerusalém. Uma grande multidão afluiu quando rapidamente se espalhou a notícia de que Jesus de Nazaré estava passando por lá. Ao saírem da cidade em meio a muito clamor, um homem cego começou a gritar o nome de Jesus. Os que estavam ao redor o repreenderam para que ficasse quieto, mas ele gritava cada vez mais (Marcos 10.46-52).

Quando o som daquela voz chegou aos ouvidos de Jesus, Ele parou e chamou pelo homem, que, de um salto, pôs-se de pé e foi a seu encontro. "O que você quer que eu lhe faça?", perguntou-lhe. A resposta do homem cego foi simples: "Mestre, eu quero ver".

Jesus disse: "Vá, a sua fé o curou" Imediatamente, o homem recuperou a visão e seguiu Jesus pel.o caminho.

Apenas um comentário é necessário. Eu não tenho dúvidas de que muitos pensamentos povoavam a mente de Jesus naquele momento. Devia estar imaginando aqueles dias finais em Jerusalém, quando entraria como rei, sob os aplausos da multidão, somente para ser crucificado ao lado de dois ladrões, cinco dias mais tarde. Ninguém poderia acusá-lo se Ele simplesmente não tivesse tempo para dar atenção a um homem cego em Jericó. No entanto, Ele parou e o curou.

Pense nisso. Tudo neste livro testifica o fato de que Jesus destaca-se entre os grandes vultos da história mundial. Ninguém pode ser comparado a Ele. Jesus é único — o eterno Filho de Deus.

A história do homem cego sumariza tudo o que tentamos dizer sobre liderança. Líderes mostram o caminho porque possuem uma clara percepção do rumo a seguir. Caminham em direção ao futuro com coragem, desafiando outros a segui-los. Costumam ser incompreendidos e, por vezes, enfrentam uma hostil oposição. Tais homens permanecem focados no que realmente importa, mas jamais se esquecem de que pessoas são mais importantes do que coisas.

> Quase **todos os dias**, você encontrará **alguém** que precisa da **ajuda** que **somente você** pode dar.

Lutam tenazmente pelo que acreditam, porque acreditam em uma causa maior que si mesmos. Essa causa os consome, tornando-se o ponto de união para todos que os acompanham.

E, como demonstrado por essa história, os verdadeiros líderes gastam tempo com pessoas. Que essa seja a derradeira lição de Jesus. Enquanto você está trilhando o seu caminho rumo ao topo, mantenha os seus olhos bem abertos para quem Deus coloca em seu caminho. Quase todos os dias, você encontrará alguém que precisa da ajuda que somente você pode dar.

Este livro termina aqui, mas a sua aventura de seguir Jesus Cristo — o supremo Líder — está apenas começando. Lidere, seguindo-o.

Sua opinião é importante para nós.
Por gentileza, envie-nos seus comentários pelo e-mail:

editorial@hagnos.com.br

Visite nosso site:

www.hagnos.com.br